人が育って定着する
中小企業の

人事評価
賃金制度

つくり方・見直し方

株式会社名南経営コンサルティング
社会保険労務士
大津章敬

日本実業出版社

は じ め に

　「人事制度構築」と聞くと、多くの方々は、「賃金表に人事評価表、そして等級基準書など、何か非常に大がかりなものを整備しなければならない。これは大変だ！」と感じるのではないでしょうか。

　制度構築に当たって、情報収集をしようと書籍を購入したり、人事労務の専門誌で取り上げられている企業の事例を見ても、精緻につくり込まれた人事評価表のフォーマットが掲載されていたりして、その時点で心が折れてしまうこともあるかもしれません。

　しかし、ここで考えてみてください。その精緻な人事制度が、御社にとって本当に必要なのでしょうか。もしかして、夫婦２人で暮らすのに、５ＬＤＫのマンションを購入するようなことをしようとしていませんか？
　夫婦２人で５ＬＤＫでは部屋を持て余しますし、価格も高いので、普通はそのような判断をすることはないでしょう。
　しかし、人事制度構築においては、そのようなことがよく行なわれています。

　「その賃金表は本当に必要ですか？」
　「Ａ３用紙にフォントサイズ９くらいの小さな文字で、びっしり基準が書き込まれた人事評価表は本当に必要ですか？」
　「その目標管理表は本当に会社をよくすることにつながっていますか？」
　「ポイント制退職金は本当に必要ですか？」

精緻につくり込まれた人事制度は一見、非常によいもののように見えます。「これだけ詳細な人事評価表ができていれば、社員も納得してくれるだろう」と考えがちです。

　しかし、それが間違いなのです。

　人事制度は、一言で言えば「社員との約束」です。小規模企業で経営者と社員が密にコミュニケーションを取ることができるのであれば、そういったツールは基本的に必要ありません。
　しかし、企業規模が大きくなり、社員との直接的なコミュニケーションを取ることが難しくなってくると、それを補完するために様々なルールやツールが必要となってくるのです。

　本書では、社員の顔が見える中小企業だからできるシンプルな人事制度の構築法を、具体的にお伝えしていきます。
　特に制度構築を行なう際、その前提として議論しておくべきことを重点的に取り上げ、目的から逆算して何をどのように整備すべきかを考えていただきたいと思っています。

　人事制度で、企業におけるすべての問題が解決することはありません。しかし、人事制度を通じて、会社をよい方向に動かすことは可能です。
　会社と社員の双方が安心して仕事に集中することができる環境の構築を通じて、企業の継続・発展を実現していきましょう。

2016年8月吉日
　　　　　　　株式会社名南経営コンサルティング　大津章敬

人が育って定着する

中小企業の「人事評価・賃金制度」つくり方・見直し方

はじめに

人事評価・賃金制度構築の10ステップ

第1章 中小企業は大企業の人事制度をマネしてはいけない！

これからの労働力人口減少時代、人材が定着しない企業は消えていく …………… 12

- 人材難の状況は、すでにバブル時代に匹敵する水準　12

人事制度で提供する「安心感」の意味 ………… 16

- 「いまどき社員のマインド」を理解するのがポイント　16
- 社員の成長実感と処遇を一致させよう　18
- 飲み会ではなく「職場懇談会」を開催する　19
- 社員に「地図」を示せているか　21

中小企業の人事制度は難しく考えすぎないのがポイント ………… 22

- 社員数が少ない会社の場合、詳細な制度は必要なし　22
- 中小企業が大企業の制度をマネしてもうまくいかない　24

中小企業に最低限求められる人事制度の構成 ………… 26

- 中小企業の人事制度に求められる7つの検討ポイント　26

第2章 新人事制度のコンセプトの明確化と等級制度の整備のしかた

ステップ❶

現状把握と制度全体のコンセプトの立案 ……………………… 28

- ● 自社が抱えている「課題」をテーブルの上に並べよう　28
- ● 人事制度を見直すことで何を実現したいのかを明確にする　32

ステップ❷

等級制度の整備 ……………………………………………… 34

- ● 社員の「貢献度の差」はどこで見るか　34
- ● 貢献度の近いグループをまとめて等級をつくる　38
- ● 各資格等級で期待される能力や役割を言語化する　42
- ● 各レベルの社員に求められるスキルや役割の高さを定める　43
- ● 等級別の期待水準を明確にするときのコツ　47
- ● 昇格のルールを明確にする　52

Column

すべての人事制度を
「あえて１年間のうちに構築しない」という選択もある！　60

第3章 貢献度に見合った賃金を支給する仕組みをつくる

ステップ❸

賃金制度　(1)方向性の立案 ………………………………… 62

- ● 現在の賃金制度の傾向と課題を把握する　62
- ● 限られた賃金原資をどう配分すれば会社は成長するのか　68

ステップ❹

賃金制度　(2)諸手当の整備 ·· 71

- ●「こだわりたいが、基本給にはできないもの」を設定する　71
- ●「動くところは手当」と心得よう　74
- ●家族手当を通じて考える自社のこだわりポイント　76
- ●多くの企業で採用されている主要な手当の現状と見直しの視点　82
  - (1) 家族手当　82
  - (2) 役職手当　89
  - (3) 公的資格手当　97
  - (4) 住宅手当　99
  - (5) 通勤手当　102
- ●会社のこだわりをしっかり伝えるときのポイント　105
- ●意外な落とし穴、残業代の適正な支給方法を確認しておこう　106

ステップ❺

賃金制度　(3)基本給制度 ··· 112

- ●基本給制度には一定の「型」がある　112
- ●基本給の高さを決定する際に意識しておきたいポイント　119
- ●自社に合った昇給ルールを設計する　125
- ●新賃金制度への移行時に求められる対応　136

第**4**章　賞与制度・退職金制度は
ゼロベースから考える

ステップ❻

賞与制度 ··· 142

- ●「基本給×○か月」という計算で本当にいいのか　142
- ●限られた原資をどう配分すれば社員はもっと頑張れるか　144
- ●理想的な配分基準をルール化するポイント制賞与制度　146
- ●新制度への移行時に考えておきたい激変緩和措置　152

ステップ❼

退職金制度　（1）現状把握と方向性の立案 ······················· 154

- 退職金は隠れ債務。まずは現状把握を　154
- 本当に退職金は必要なのか　162

ステップ❽

退職金制度　（2）制度設計 ··· 164

- 在職中の貢献度の違いを仕組みとして反映させるべきか　164
- 確定給付型・確定拠出型の選択　167
- 様々な退職金制度の特徴とメリット・デメリットを理解する　169
- 退職金制度の代表選手「ポイント制退職金制度」　174
- 制度改定の際に重要となる既得権と期待権　180

第**5**章 **人事評価制度を通じて
会社の考えを社員に伝える**

ステップ❾

人事評価制度 ··· 182

- 何のために人事評価を行なうのか　182
- 人事評価制度の前提となる会社のビジョン　184
- 会社の経営計画達成を促進する「成果評価」のつくり方　185
- 先行指標を評価することで高確率での目標達成を支援する　186
- 「時価評価」で人材力を向上させる　188
- 中小企業の人事評価制度は社長がキーマン　190
- 人事評価の納得性を上げるのは「人事評価表の出来」ではない　192

第**6**章 新しい人事制度を就業規則にまとめ、社員に説明する

ステップ⑩
規程整備と社員説明 ……………………………………………………………… 196
- 新制度を規程にまとめよう　196
- 社員への説明は、まず管理職から　198
- 社員説明会実施の際のポイント　201

第**7**章 時代の流れを受けて変化する人事制度

「事情あり社員」をいかに活用するかがポイント …………… 206
- "昭和的"な働き方ができる社員だけでは労働力を確保できない　206

「同一労働・同一賃金」の流れに要注意 ………………………… 211
- 今後は職務の要素が強い制度が主流になる可能性も…　211

第**8**章 ダウンロードして使える人事関連規程・各種フォーム集

賃金規程　214

ポイント制退職金規程　220

目標管理シート　226

部下面接記録シート　227

おわりに

人事評価・賃金制度構築の10ステップ

本書を手に取られた皆さんは、ほぼ間違いなく、自社の人事制度に課題を感じ、改革に取り組みたいと考えていることでしょう。

なかには社長から「人事制度を見直すように」と指示を受けて、「さて、どうしたものか……」と途方に暮れている人もいるのではないでしょうか。

中小企業で人事評価・賃金制度の構築を進める際の基本には10のステップがあります。本書を読んでステップ別のポイントをしっかり押さえましょう！

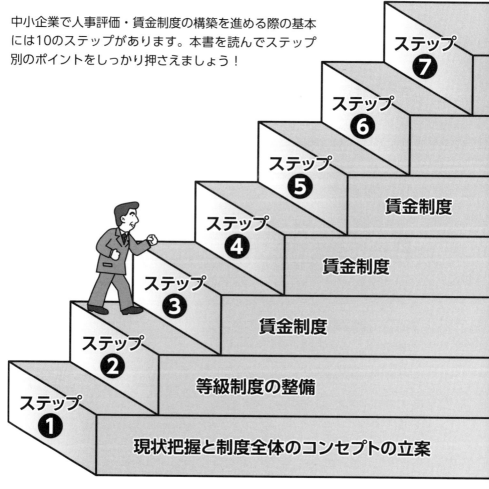

ステップ❿	規程整備と社員説明	196ページ
ステップ❾	人事評価制度	182ページ
ステップ❽	退職金制度　（2）制度設計	164ページ
退職金制度　（1）現状把握と方向性の立案		154ページ
賞与制度		142ページ
(3)基本給制度		112ページ
(2)諸手当整備		71ページ
(1)方向性の立案		62ページ
		34ページ
		28ページ

カバーデザイン／モウリ・マサト
イラスト／前田達彦
本文DTP／一企画

第1章
中小企業は大企業の人事制度をマネしてはいけない！

これからの労働力人口減少時代、人材が定着しない企業は消えていく

▶人材難の状況は、すでにバブル時代に匹敵する水準

　近年、多くの会社が「人が採用できない！」という悩みを抱えています。求人募集を出しても応募がない。その一方で、30歳前後の中堅社員が退社していく——。皆さんの会社も同じ状況に陥ってはいないでしょうか？
　残念ながら、「**求人を出せばヒトが集まる時代**」は終わり、今後は**出口が見えない「人材難の時代」**になっていくことは確実です。

　まずは現在、そして今後の求人の状況を見ていきましょう。
　2008年のリーマンショック、それに続く雇用危機は、企業の人事管理にも大きな影響を与えました。
　この頃の出来事で思い出されるのは、日比谷公園の年越し派遣村など、多くの失業者が溢れた光景であり、企業は雇用調整助成金を活用して正社員の雇用を何とか維持したものです。
　有効求人倍率を見ると、2009年5〜6月に調査開始（1963年1月）以来最低の0.40倍にまで落ち込みました。当時は求人を出せば多くの求職者が集まり、よい人材を企業が選ぶことができたものでした。

　その後、景気は急回復し、企業の求人が増加したことで、**2016年9月の有効求人倍率は1.38倍にまでＶ字回復**しています。1.38倍と聞い

ても、それが高いのか普通なのかわからない人がほとんどだと思いますが、これがとんでもなく高い水準なのです。

バブルの頃は本当に人が採れない時代でした。「人材確保のために内定者を海外旅行に連れ出す」「数百万円もする高級車をプレゼントする」といった、いまや笑い話になっている採用活動が行なわれましたが、この頃の有効求人倍率の年間平均のピークが1.40倍（1990〜1991）です。

もうお気づきですね。**現在の人材難の状況は、すでにバブル経済ピーク時に匹敵する水準**。どうりで社員が採用できないわけです。

企業に様々な悪影響を与える人材難は、短期で収束してもらいたいものですが、今回ばかりは**人材難が収束する見込みはなさそうです**。

過去の人材難の時代は、高度経済成長→バブルという好景気によるものであり、それがオイルショックやバブル崩壊などで沈静化したあとは、いずれも長期間、雇用低迷の時代を迎えました（グラフ参照）。

有効求人倍率の推移

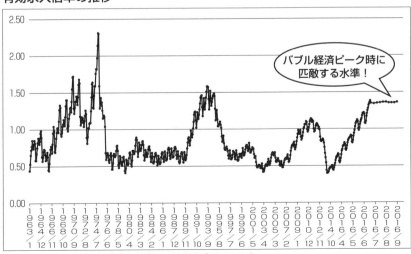

出所　厚生労働省「一般職業紹介状況　長期時系列データ」

今後の労働力人口の推移

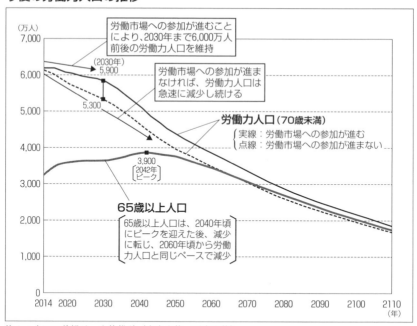

注1：人口の前提は、中位推計（出生中位、死亡中位）
 2：労働力人口は、被用者年金の被保険者とならない70歳以上を除く
出所　厚生労働省「国民年金及び厚生年金に係る財政の現況及び見通し　平成26年財政検証結果」

　しかし、今回の人材難は、状況が少し異なります。リーマンショックからの景気回復という要因に加え、深刻な少子化の影響による「**労働力人口の減少**」という、わが国の構造的な問題がその背景にあるからです。

　上図は、厚生労働省が年金財政を検証する際にまとめた、今後の労働力人口と65歳以上人口の推移です。
　このグラフを見るとわかりますが、**現在、6,000万人程度の労働力人口が、2030年には5,300万人まで減少してしまいます。**
　国としては、この減少を女性活躍推進や高齢者雇用の拡大で少しでも抑えようとしていますが、18歳人口はそう急には増えませんから、

中長期的に人材不足が継続することは不可避なのです。

このような状態ですから、社員が次々に辞めていくような企業は、必要な量の人材を確保することができず、事業継続が難しくなるでしょう。

つまり、次の3つの課題すべてを備えた企業でなければ、安定的な事業展開を行なえない時代に突入しました。

> ①**人材が採用できている**
> ②**社員が短期間で辞めることなく定着している**
> ③**社員がきちんと育つ環境を整えている**

社員の離職を抑えるためには、まずは過重労働やハラスメントなど、**会社を辞めたくなるような悪しき職場環境を撲滅**することが重要です。つまり、**労務管理の改善**が求められます。

そのうえで求められるのが、社員が「この会社でずっと頑張りたい！」と思えるような環境整備です。人事制度はそれに資するものでなければなりません。

いまの時代の人事制度で求められるのは、「メリハリのある処遇」ではなく、「社員が自社で安心してその能力を伸ばし、頑張ってもらえるような仕組み」なのです。

15

人事制度で提供する「安心感」の意味

●「いまどき社員のマインド」を理解するのがポイント

「人が採れない！」という経営環境を受け、いま、人事制度を見直し、人材が定着するような環境を整備しようと考える企業が非常に増えてきています。

前項で、人事制度のポイントが、「メリハリのある処遇」から「安心感の醸成」へと変わりつつあると述べました。
ここでいう「安心感」とは、「仕事が楽だ」ということではありません。「この会社で長く頑張っても大丈夫だ」というメッセージといったほうが、イメージが近いかもしれません。

社員の立場から見て、最も安心できず、逃げ出したくなる環境とは、会社の業績が悪く、明日にも倒産するかもしれない状況でしょう。もし会社が倒産すれば、ただちに生活に困るわけですから、これは当然です。
だとすれば、企業としては、**会社の業績を一定程度開示し、今後の方向性やビジョンについて示す**ことが求められます。
これは、狭い定義でいえば「人事制度」とはいえないかもしれませんが、社員が安心して「この会社で頑張ろう」と思える環境をつくるためには、ここからスタートすることが重要です。

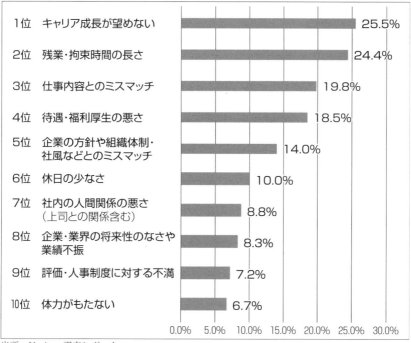

出所　Vorkers調査レポート

　会社と社員が同じ方向を向いて前に進んでいこうと思えるかどうか——。この共有がなければ何も始まりません。

　そのうえで、「最近の社員のマインド」を理解しておくことも重要です。

　社員の離職が発生しやすい時期としては、①**入社3年以内**と②**30代前半**の2つのポイントがあります。厚生労働省の調査「新規学卒就職者の在職期間別離職率の推移」によれば、大卒の32.3％、高卒の40.0％が入社3年以内に離職しています。

　こうした早期離職の原因としては、近年、ある傾向が見られます。上図「平成生まれの退職理由ランキング」は、社員口コミサイトの

Vorkersが新卒入社3年以内で離職した元社員を対象に調査した退職理由のランキングですが、「残業・拘束時間の長さ」や「仕事内容とのミスマッチ」といった定番を抑えて、「キャリア成長が望めない」が退職理由の1位となっています。

　こうした傾向は、同調査に限りません。

　最近の新卒社員の意識調査を見ると、いずれも「キャリア」や「成長」が重要なキーワードになっています。

　たとえば、日本生産性本部「2015年度　新入社員　秋の意識調査」においても、「自分のキャリアプランに反する仕事を、がまんして続けるのは無意味だ」という設問に、「そう思う」と回答した新入社員が43.6％と急増しており（2015年春調査：27.0％）、「そう思わない」の56.4％にかなり近接してきています（2015年春調査：73.0％）。

▶社員の成長実感と処遇を一致させよう

　このような若手社員の傾向をしっかり理解し、対応しなければ、若手社員の早期離職の問題を改善することはできません。

　世代的にはバブル経済崩壊後に生まれ、二極化の時代のなかで成長してきた世代だけに、「キャリア負け組にはなりたくない」という意識が強いことがその要因として挙げられるでしょう。

　さらに女性については、「共働きで、育児休業などを取得しながら定年まで働くことが当然」という意識が強まるなか、自らのキャリア開発の重要性を特に強く感じているようです。

　ある意味、いまの若手社員は、自らが置かれている状況を現実的かつ冷静に分析しているのかもしれません。

　こうした若手を採用し、定着させるためには、「この会社であれば

成長できる」というイメージを訴求するとともに、**入社後も「自らの成長が実感できる環境」を用意してあげなければなりません。**

そのためには、能力チェックリストのようなツールを用意したうえで定期的な面談を行ない、上司と部下で、その成長を確認していくことも必要になるでしょう。

また人事制度としては、**昇格や昇給も上手に使っていきたいところ**です。

新入社員の最初の1〜2年間は、その能力を大きく伸ばす時期となります。最初は素人で入社した新入社員が日々、様々な知識や能力を身につけ、短期間のうちに、社内でできる仕事がどんどん増えていくのです。社員本人としては、大きく成長しているセルフイメージをもつ時期となります。

しかし、そのような状況であるにも関わらず、「なかなか昇格できない」「昇給も少ない」となれば、そこに大きな不安と不満が生まれてしまいます。人事制度としては、

・最初の数年は比較的早めに昇格ができる仕組みを用意する
・賃金は能力伸張カーブに合わせ、早期立ち上げ型にする

など、社員の成長実感と処遇が一致するような工夫が求められます。

●飲み会ではなく「職場懇談会」を開催する

次に30代前半の離職ですが、こちらは世間でいう**転職限界年齢**が関係してきます。

この年代は、大卒だとすれば10年強の勤続となり、そろそろ各職場の中心メンバーとして大きな活躍が期待される時期です。

第1章　中小企業は大企業の人事制度をマネしてはいけない！

19

それだけに退職の申し出を受けると会社は大きなダメージを受けることになりますが、昔から転職市場においては「35歳が転職限界年齢」という話があります。その結果、社員はキャリアの棚卸しを30歳前後で行ない、場合によっては転職を選択するのです。

　この年代の退職者と面談をすると、よく「自分自身の先が見えない」と口にします。**「いまの会社にいても、この先、キャリアがどうなるかわからない。それであれば、いまのうちに転職しておこう」**と考えてしまうのでしょう。

　企業側にとって、これは大きな損失です。**先が見えるようにしてやり、安心して現在の仕事に集中できる環境をつくる必要があります。**

　かつては職場の先輩・後輩などで頻繁に飲みにいき、「飲みニケーション」を行なうなかで、先輩が後輩に対し、「俺もお前の年代にはいろいろ悩んだが、その後、仕事がこんな風に変わっていって、いまではこういった面白い仕事ができている」といった話を聞かせる場面が多く見られました。

　しかし、最近はそのような場は極端に少なくなっており、若手社員にしてみれば、今後のキャリアのイメージをもつ機会が非常に少なくなっています。

　そこで、何らかの仕組みによって、若手社員に自らのキャリアイメージをもたせ、その不安を取り除いてやる必要があります。

　会社行事として、先輩と後輩が交流できるような飲み会をセッティングし、フォーマルな形で「飲みニケーション」を復活させるのも１つの対策になろうかとは思います。

　ただ、最近はお酒を飲まない若手も多いことから、**飲み会ではなく、「職場懇談会」のような交流の場を設ける**のもよいでしょう。

▶社員に「地図」を示せているか

　さらに、**キャリアパス**を明示することも有効です。キャリアパスとは、簡単にいえば自社におけるキャリアの道筋を示した地図を指します。

　たとえば、「**部長になるには○○の業務経験や、△△部への異動が必要になる**」といった**基本パターンを示す**のです。

　これを示すことにより、社員は現在の自分の立ち位置がわかり、中長期的にどのようなキャリアの選択肢があるのか、どのような能力や専門性、経験を身につけなければならないのかがわかります。

　経営者は会社を大局的に見ることができているのに対し、個々の社員は地図ももたず、森の中に迷い込んだような状態になっています。

　キャリアパスの提示は、そうした社員に地図とコンパスを与え、自らのキャリアを俯瞰して眺める視点をもたせるものになります。

　キャリアパスをベースに定期的に社員とのキャリア面談を実施することは、これからの時代、必要不可欠です（具体策は２章で後述）。

中小企業の人事制度は
難しく考えすぎないのがポイント

▶社員数が少ない会社の場合、詳細な制度は必要なし

　それではそろそろ人事制度の話に入りましょう。

　そもそも人事制度は社員数が何名くらいになったら必要になるのでしょうか。筆者は、社員数が少なければ、人事「制度」は必要ないと考えています。

　たとえ話を使って考えてみましょう。
　社内の掃除をするとします。もし社員数2人だとすれば、普通は特にルールなどを決める必要はありませんよね。お互いに気がついたときに掃除するか、そのつど、社長が指示をすればよいのですから。

　しかし、これが社員数30人になったらどうでしょうか。もしルールがないと、たまたま気がついた特定の社員だけが掃除を行なうことになり、不公平や不満が生まれます。このような状態になると、当番制といったルールが必要になるのです。

　人事制度もこれと考え方は一緒です。
　社員数が少ないうちは詳細なルールは必要ありません。それよりもコミュニケーションを充実させ、社長の考えをわかりやすく社員に直

接伝えることのほうが重要です。

　小さな組織であるにも関わらず人事制度を求めるというのは、「社員と直接向き合う」という、経営者としての役割や責任を放棄しているとさえいえます。

　しかし、社員が増えるにつれて、様々な場面が生まれてきます。

　たとえば、社員が結婚したり、子どもが生まれることもあるでしょう。

　そのような場合に「手当を支給したい」と考えるのであれば、簡単なルールが求められます。なぜなら、人によってその対応が異ならないようにする必要があるからです。

　Aさんの配偶者手当が10,000円であるのに対し、Bさんは5,000円という状態では、手当の支給がむしろ不満の原因となってしまいます。

　この段階においては「人事制度」というよりは、人によって異なる対応がなされないような、最低限の統一ルールを「就業規則」で明確にする仕組みが求められます。

　そして、さらに規模が大きくなってくると、社長と社員の間にある距離がだんだんと長くなっていきます。

　日頃の直接的なコミュニケーションも不足し、問題解決を図ることが難しい状態になってくると、ここではじめてルールとしての「人事制度」が必要になります。

　つまり、小規模企業であれば、原則的には賃金表も人事評価表も等級基準書も必要ありません。「それがなければ公平な制度運用ができない」というレベルの企業規模になって、はじめて様々なツールを整備すればよいのです。

●中小企業が大企業の制度をマネしてもうまくいかない

　このように考えると、「大企業の人事制度」と「中小企業の人事制度」は根本的に異なるということがご理解いただけるのではないでしょうか。

　書籍や専門誌などで見かける大企業の人事制度を見ると、「こんな複雑なものはつくれないし、運用できない」と考えてしまう人も少なくないでしょう。

　それは正しい反応です。**中小企業には、そうした詳細な制度は必要ありません。**

　そもそも大企業の人事制度は、社員の顔が見えないことを前提に構築されています。

　社員が何千人も何万人もいれば、それは当然です。誰がどのような行動を取り、どのような結果を出しているのかを一元的に把握できる人がいない以上、細かい評価基準を作成し、できるだけブレが少ないように「測定」することが必要だからです。

　しかし、中小企業の場合は状況が異なります。

　皆さんの会社の社員数が、仮に50名だとしましょう。その規模であれば、誰が会社に貢献しており、誰の調子が悪いのかはほぼ把握できているはずです。

　社員数が増え、100名になったとしても、社員の状態はおおむね把握できていると思いますが、徐々に「どんな人か、よくわからない社員」も出てくるでしょう。

　つまり、小規模企業の場合は、ツールに頼ることなく、現実に見え

ている社員の状況に基づき、社長自らが人事評価を行ない、処遇を決め、直接、本人にフィードバックすればよいのです。

　そのように全体が見えている小規模企業に詳細な人事制度を導入したとしても、ほとんどの経営者は、「自分の考えと違う」と直感的に感じ、その制度を壊してしまうのです。

　よく、「人事評価表を社長に見せると赤鉛筆で修正されてしまい、一次評価者にフィードバックできない」という悩みを抱える人事担当者の嘆きの声を聞きます。これはまさにそのような状態となっているからなのです。

　賃金表や人事評価表などの仕組みは、それが必要であればつくればよいのであって、はじめから必要と決めつけてはいけません。
　まずは「最もシンプルな形」を検討し、必要に応じて各種ツールを加えていくようにしましょう。

中小企業に最低限求められる人事制度の構成

▶中小企業の人事制度に求められる7つの検討ポイント

　それでは中小企業において最低限求められる、人事制度の基本的な構成とはどのようなものでしょうか。
　それにはまず、以下の7点の検討が求められます。

---

①社員の貢献度を表わす**資格等級の設定とキャリアパスの明示**
②各資格等級で**期待される事項（役割、能力など）の明確化**
③各資格等級における**基本給の上限金額と下限金額の設定**
④ゼロベースで必要性を検証した**諸手当の設定**
⑤社員の貢献度と会社の短期業績に基づく**賞与制度の設定**
⑥ゼロベースで必要性と支給基準を検証した**退職金の設定**
⑦社員の成長につながる**人事評価制度の設計**

　この7つのポイントを基礎として、自社として必要なオプションを制度として付加していく。そんなイメージで制度の構築を進めていきましょう。

第2章

新人事制度のコンセプトの明確化と等級制度の整備のしかた

ステップ❶

現状把握と制度全体の
コンセプトの立案

▶自社が抱えている「課題」をテーブルの上に並べよう

　筆者が人事制度改革の相談を受けるとき、最初に必ずお聞きする質問があります。

質問

いま、御社が人事制度の見直しを検討している理由は何ですか？ どのような課題を解決したいとお考えでしょうか？

　「そんな当たり前のことを……」と感じられた人もいると思います。しかし、**企業が解決したいと考えている課題をしっかり議論しておくことは、ボタンを掛け違えないためにも重要**なのです。

　たとえば、よく聞く返答に、「最近、売上が減少しているので、人事制度を見直すことで社員を活性化し、売上を向上させたい」というものがあります。
　一見、これはもっともらしい理由で、制度の見直しが必要なケースのように思えるかもしれません。

28

しかし、売上が減少する要因は、以下のとおり様々です。

売上が減少する要因

①商品自体に競争力がない（もしくは低下している）

②商品の価格設定に問題がある

③他社との競合が厳しくなっている

④社員数が不足しており、顧客フォローが十分にできていない

⑤ハラスメントなどにより組織風土が荒廃している

⑥連日の残業により、社員が疲れきっている

⑦管理者のマネジメントができておらず、営業活動の質が低下している

⑧人材育成の意識が低く、なかなか人材が育たない

⑨賃金水準が低いなど、賃金制度の問題があり、人材が定着しない

⑩人事評価制度が曖昧で、やってもやらなくても同じ状態に陥っている

人事コンサルタントの立場としては、「いまの制度を見直せば間違いなく御社の課題は解決され、売上も"うなぎ上り"ですよ！」と言いたいところです。

しかし、残念ながら人事制度にそこまでの力はありません。**人事制度は企業経営に非常に重要なものではありますが、すべての課題を解決する「魔法のつえ」ではないのです。**

もちろん、要因⑨⑩などは人事制度の課題ですし、その他の要因についても一定程度、人事制度によって改善を図ることができます。

しかし、「当社の営業担当者の動きが悪いのは人事制度が悪いからだ」と決めつけ、他の要因について目をつむってはいけません。

過去の経験からいえば、売上が低迷しているような場合は、営業担当者の動きが悪いというよりも、そもそもの商品や売り方に根本的な問題があることが多いと感じます。

また、最近よく聞かれる、「社員が定着しないので人事制度を見直

したい」という課題についても、長時間労働や社内の人間関係といった職場環境の問題のほうが大きいのが現実です。

　もちろん、いずれの経営課題についても、人事制度の見直しをきっかけに社内が活性化すれば、様々な改善を期待することはできます。しかし、「**人事制度頼み**」の**姿勢ではダメ**なのです。

演習　経営課題と対策の方向性

No.	解決したい経営課題
1	
2	
3	
4	
5	
6	
7	
8	
9	
10	

そこで、まず皆さんにしていただきたいのが、いま自社で抱えている「経営課題」をテーブルの上に並べ、その「根本的な原因」と「解決の方向性」をまとめることです。

下表に示した演習「経営課題と対策の方向性」を作成してみてください。

根本的な原因	解決の方向性

課題は整理されましたか？　恐らく、「人事制度で解決できそうな課題」と「そうではない課題」に分かれたのではないかと思います。あとは優先順位をつけて、これらの課題解決を進めていくことになります！

▶人事制度を見直すことで何を実現したいのかを明確にする

　前ページの演習によって人事制度を見直すことで、解決や改善ができそうな課題があったことに気づかれたと思います。その課題を眺めつつ、次は以下の質問について考えてみてください。

質問

人事制度を見直すことによって会社と社員の双方にどんな「いいこと」がありますか？

演習　人事制度改革による「いいこと」リスト

No.	会社にとっての「いいこと」
1	
2	
3	
4	
5	
6	
7	
8	
9	
10	

↑ここで整理された「いいこと」は人事制度の基本コンセプトとなります。定期的に見返して、制度内容がこれら「いいこと」の実現につながっているか、検証するようにしましょう。

これは**人事制度構築の序盤において最も重要な質問**になります。

人事制度は、経営管理のための仕組みの1つであり、それを見直すということは、それにより会社がよくならなければ意味がありません。

また、会社と社員は一体不可分の関係にあるので、**「会社だけがプラスとなり、社員にとってはマイナスという制度」は成立しません。**

さらに、会社は顧客や社会に受け入れられて初めて存在できるわけですから、顧客や社会にとってもいいことがなければいけません。

それでは、今回の人事制度改革によって、社員・顧客・社会という3者のステークホルダーにとって、どのような「いいこと」が実現すればよいのでしょうか？　下表にまとめてみてください。

社員にとっての「いいこと」	顧客や社会にとっての「いいこと」

↑社員に説明する際も「いいこと」を明確に伝えます。制度の各論は後からいくらでも説明できます。社員と一番共有しなければならないのは「新しい制度によってみんながよい方向に動き出す」ということです。

33

ステップ❷

等級制度の整備

▶社員の「貢献度の差」はどこで見るか

それでは実際の制度構築に入っていくことにしましょう。

人事制度を構築するとき、多くの経営者から聞かれるのが、「**社員の貢献度に見合った処遇をしてやりたい**」という言葉です。これは人事制度における永遠の命題なのでしょう。

組織にしっかり貢献してくれたのであれば、それを適切に評価し、その貢献に見合った処遇をしてやりたいという考え方は、経営者にとっては非常に当たり前の感覚です。

また、多くの社員もそれを望んでいます。「**やってもやらなくても評価や給料は同じ**」では、頑張り甲斐がないですから……。

しかし、ここで問題になるのが「貢献度」という概念です。**人事制度設計においては、内容が曖昧で形がなく、よくわからない「貢献度」の意味をはっきりさせてあげることが求められます。**

それではこの課題を解決するため、次の質問について考えてみてください。

質問

御社における社員の貢献度とは何ですか？
社員のどのようなことを「高く買っている」のですか？

　貢献度の定義は、職種やビジネスモデル、企業の成熟度など、様々な要因によって決まります。

　たとえば、製造現場であれば、一般的に「能力の高さ」が重視されます。
　新入社員の頃から様々な経験をして能力を蓄積していくと、対応できる仕事の範囲が広がります。トラブルといった突発事態にも対応できるようになり、「○○さんがいれば安心だ」といわれるようになります。
　つまり、**経験に裏打ちされた高い能力が重要視される**のです。

　結論としては、製造業に限らず、「能力の高さ＝貢献度の高さ」という企業が多いと思われます。
　ただ、**近年は経営環境の変化や技術革新が早く、貢献度の捉え方が異なるケースも増えています。具体的にいえば、「能力はあるが、実力がない」**という人が増えているのです。

　この問題については、印刷業を例に挙げて考えてみましょう。
　かつて品質の高い印刷物をつくろうとすれば、熟練した作業者が、

頭の中で計算しながら活字等を組み合わせ、寸法どおりの組版に仕上げることが求められました。

　この時代は、間違いなく高度な組版技術をもった人材が、高い貢献をしているとされていました。

　その後、印刷物の制作についてはデジタル技術革新の進展とともに大きな変革が起こり、現在ではパソコンを使用したＤＴＰ（デスクトップパブリッシング）が常識となっています。

　その結果、かつて不可欠だった高度な組版技術が必要とされることは、ほぼなくなってしまいました。

　つまり、**その高い能力を活用する場がないため、結果的に（現在の仕事を進める）実力がないとみなされてしまう**ことが起きています。

　「その時代に求められる能力」というものは常に存在します。社員も環境に適応して、自らの能力をブラッシュアップしていくことが必要で、こうしたケースでは、**過去に蓄積された能力の高さを評価する人事制度では行き詰まります**。

　また、能力差が出にくい仕事もあります。

　たとえば、長距離トラックの乗務員の場合、基本的な運転技術は求められるものの、製造現場で重視されるような「熟練した技術」に該当するようなスキルとまではいえないでしょう。

　かつては渋滞を避けるような道路事情についての知識が問われたかもしれませんが、カーナビの普及でそれもあまり求められなくなっています。今後は自動運転の実現で、職務の定型化がさらに進んでいくことでしょう。

　その結果、長距離トラックの乗務員については、「どれだけの荷物をどこまで運んだか」「その運賃をどれだけ稼いだか」ということが

貢献の差になります。そのため、この業界は歩合給が中心となるのです。

　近年のトレンドとしては、能力ではなく「役割」で等級を決定しようという動きが強まっています（役割等級制度）。

　特に管理職クラスは能力の定義や評価が非常に難しく、能力評価では十分な説明責任を果たすことが困難で、同時に果たすべき役割が比較的明確に定まっていることがその背景にあります。

　このように貢献度は、職種やビジネスモデル、企業の成熟度など、様々な要因によって捉え方が変わるわけですが、それを類型化すると、人、仕事、時間、成果に分けることができます（下表参照）。

貢献度の類型

類型	具体的内容
人	能力、行動、学歴、保有資格など
仕事	職種、役割、職責など
時間	年齢、勤続年数、キャリアなど
成果	売上、粗利、目標達成など

　貢献度は、こうした複数の要素によって形づくられています。

　近年、**管理職未満については、人（能力）を中心に評価し、管理職クラスは仕事（役割）で評価するケースが増えています**。

　また、同一労働・同一賃金の議論のなかで、**今後はより職務にシフトした考え方が強まっていくことも予想されています**。

　とはいえ、**やり方に絶対的な基準はありません。まずは、自社が求める貢献度とは具体的にどのようなものなのかを明確にしていきましょう**。

▶貢献度の近いグループをまとめて等級をつくる

　会社は様々な貢献をする社員の集合体であり、もし100人の社員がいるとすれば、それぞれの貢献度は少しずつ異なります。
　しかし、100人いれば100通りの人事制度というわけにはいきません。そこで、人事制度を構築するときは、貢献度の近い社員を集めてグループをつくることになります。これが**資格等級**です。

　具体的にいえば、**貢献度のレベルに多少の差はあるが、大きく見れば、おおむね同じレベルの貢献をしている社員を集めたものを資格等級として設定し、その資格等級ごとに期待する事項を明確にしたうえで給与を決める**ことになります。

　それでは、皆さんの会社の資格等級を考えてみましょう。

質問

　さて、いくつのグループに分けることができそうでしょうか？

　「なかなか考えがまとまらない」という場合は、最初から資格等級をつくろうとせず、大分類をすることから考えるとよいでしょう。

　たとえば、「営業パーソン」と「営業部長」では貢献度は異なります。

営業パーソンに求められるのは個人単位の「より高い営業成績」ですが、営業部長の場合は、「マネジメント能力」や「営業部単位あるいは会社全体の業績の確保」も求められます。

このように考えると、両者の貢献度には決定的な差があり、「管理職」と「一般社員」という2つのグループができます。

次に一般社員に目を向けてみましょう。

一般社員には、新入社員もいれば、勤続30年で職場の中心メンバーとして働いているリーダーもいることでしょう。貢献度の高さは当然に異なりますから、それをグルーピングしていきます。

ここで覚えておきたいのが、「＋1」「±0」「－1」という考え方です。

担当職務を普通に処理できるのが仕事の一番の基本になるので、そのレベルにある社員を「±0」と位置づけます。

これに対し、新入社員は見習い中であり、基本レベルに達していないので「－1」のグループになります。

逆に、担当職務を普通に処理できることにとどまらず、トラブルの処理ができたり、部下や後輩に指導を行なうことができるレベルになると、その分、貢献度が高くなるので「＋1」のグループになります。

人事制度には絶対的な正解はなく、企業単位で考えるものですから、「こうしなければならない」ということはありません。

しかし、一般社員の貢献度は、このように少なくとも3つのグループに分かれることが一般的です。

世間では昔から、「松竹梅」や「ＡＢＣ」といったように3つのレベルに分けることが多いですが、これらも基本的には「＋1、±0、

－1」という考えに基づいています。あとは皆さんの会社の状況や制度の狙いに合わせて、必要に応じて等級を細分化してください。

このとき、「資格等級の数が多ければ多いほど、昇格のチャンスも増えるので、社員の動機づけがしやすい」と考える人もいるでしょう。

たしかに資格等級の数が少ないと、なかなか昇格のチャンスが訪れず、同じ資格等級の滞留年数が長くなります。社員が成長実感を得られるように、ある程度の等級数があったほうが運用しやすいのは間違いありません。

しかし、等級数を増やしすぎて、その違いがわからなくなってしまっては本末転倒。「やや」や「ほぼ」といった副詞でしか差異を示すことができないような場合は、資格等級を分けないほうが無難です。

なぜなら、**資格等級の差異が曖昧だと**、「彼も滞留年数が○年になったのでそろそろ昇格させよう」といった**年功的な運用が行なわれる**ことになるからです。資格等級は、**違いがわかる数だけに限定しておく**ことが重要です。

なお、資格等級制度は単線ばかりではなく、複線化することもあります。

住宅販売会社の営業職を例にすると、新人から徐々に力をつけ、営業職として活躍していきます。多くの物件を販売し、経験を積むことで、様々なトラブルにも対応できるようになってきました。

そのうち、後輩の指導も行なうようになり、「＋1　ベテラン担当者」の状態になりました。その先のキャリアとしては、住宅展示場の所長や営業所長としてマネジメントを行なう人もいるでしょうが、それとは別に「プロの営業職」として現場に立ち続け、高い成果をあげていく社員がいてもよいはずです。

この場合は、「＋1」のあと、下図のようにキャリアが複線化して、「マネジメントコース」と「プロフェッショナルコース」に分かれるのです。
　このような状態を**キャリアの複線化**と呼びます。

　現代の職場は職務内容が高度化・専門化していることから、**マネジメント相当の専門職というキャリアが必要とされるケースが多くなっています**。

キャリアの複線化の例

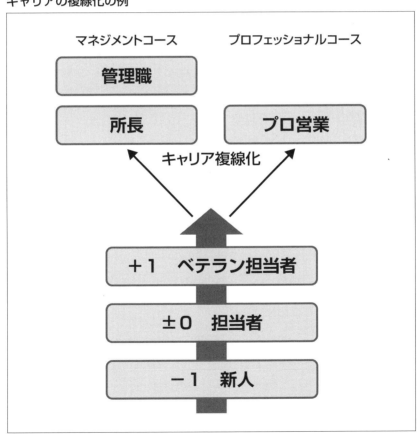

●各資格等級で期待される能力や役割を言語化する

　資格等級は期待される貢献度の違いによって数が決まるので、「いくつにしなければならない」ということはありません。

　とはいえ、**最も基本となるのが、一般社員3つ＋管理職という組合せ**であり、これをベースとして必要に応じて、さらに**等級を細分化**したり、**複線化**させることになります。

　資格等級の数が決まったら、**各等級にわかりやすい名称をつけてみ**ましょう。

　「1等級」「2等級」などではイメージがわかないので、「新人」「担当者」「ベテラン担当者」「リーダー」「専門職」といった感じで**ニックネームをつける**と社内で議論しやすくなります。

　そのうえで、下表のように、**各資格等級に一言でそのレベル感がわかる「等級のイメージ」**を作成しましょう。

一般社員の基本的な貢献度の差異

	等級	イメージ（レベル感）
M	管理職	組織の長として、業績管理や人事労務管理を行ない、自部門の目標達成を図る
＋1	ベテラン担当者	豊富な経験と知識をもち、非定型かつ難易度の高い職務を遂行するとともに、部下や後輩に対して技能指導を行なう
±0	担当者	基本的な知識・能力を身につけ、担当職務を上長の包括的な指示のもと、独力で遂行する
−1	新人	担当職務の遂行に必要な知識の習得段階にあり、上長の具体的な指示やフォローのもとに定型的な職務を遂行する

●各レベルの社員に求められるスキルや役割の高さを定める

　ここまでの段階で「資格等級制度のフレーム」が完成したので、次は、このフレームに肉づけをしていきます。

　御社では、それぞれのレベルの社員にどんなスキルや役割を期待しているでしょうか。

「入社３年目であれば、これくらいのことは知っておいてほしい」
「主任であれば、後輩のサポートや基本的な教育は行なってほしい」
「管理職になるまでには○○の公的資格を取得してほしい」

　たぶん、このような感じで期待事項があるはずです。
　ひょっとすると現状では明文化されていないかもしれませんが、日常的なコミュニケーションのなかでは、その内容を伝えているのではないでしょうか。
　もしくは社員と飲みに行ったときに、「お前も入社○年にもなるのだから、そろそろ業務改善にも積極的に取り組んでくれないと」などと説教しているかもしれません。
　ここでは、そういった各レベルの社員への期待事項を明示していきましょう。

　明示すべき事項を類型化すると、通常は以下のようになります。
①能力　　（a.ヒューマンスキル、b.テクニカルスキル）
②役割・行動
③公的資格、研修など

　以下ではこれらの設定の際のポイントについて解説します。

43

①能力

　習得すべき能力の明示は、**特に下位等級で重要**になります。

　ほとんどの新入社員は、自社の仕事について何も知らないまま入社します。**最低限の仕事を行なってもらうためには、基本的な能力を身につけなければスタートラインにも立つことができません。**

　そこで、まずは御社の社員として必要な能力を書き出します。

　その際、能力は以下の2つに分けると整理がしやすいでしょう。

a. ヒューマンスキル	自社の社員であれば、部門や職種に関係なく、共通して求められる「基本的能力」
b. テクニカルスキル	部門や職種によって求められる、内容が異なる具体的な「知識や技能」

　たとえば、新入社員であれば、挨拶や名刺交換などの基本的なビジネスマナーを身につける必要がありますが、これは部門や職種に関係なく、**すべての社員に求められる能力。これがヒューマンスキルです。**最近であれば、WordやExcelなどの基本ソフトの操作なども含まれるでしょう（下表参照）。

ヒューマンスキルの例

ビジネスマナー	パソコンスキル
報告・連絡・相談	コミュニケーション
トラブル対応	労務管理
業務改善	人材育成・後輩フォロー
コスト意識	コンプライアンス
基幹業務システム利用	など

　これに対し、**テクニカルスキル**は、部門や職種によって求められる、

44

内容が異なる**具体的な知識や技能**を指します。

たとえば、営業職であれば、プレゼンテーション力や顧客との人間関係を構築するような対人能力が重要ですが、製造職であれば、そのような能力よりも、機械を操作する技術や円滑な生産活動を行なうための前後工程との調整能力が強く求められるでしょう。

ここでは、自社の業務を円滑に行なっていくうえでの「コツ」を明示していくのです。

なお、**テクニカルスキル**の整備には現場のノウハウが盛り込まれますから、**人事サイドだけでつくるのではなく、各部門のリーダークラスを巻き込んでいくことが重要**です。

②役割・行動

　役割を記述する際は、**達成すべき成果のレベル**と、それを実現するために求められる**重要な行動**を明確にします。

　重要な行動（下表）は、具体的に求められる行動のレベルを明確に定めていきます。たとえば、組織運営なら、「全社の経営計画における自部門の役割を認識し、組織目標の達成に向け、ヒト・モノ・カネの経営資源を最適に配分する」というように、その責任範囲を明確にします。

役割記述における行動項目の例

```
生産性の高い職務遂行
コミュニケーションを通じた円滑な職務遂行
組織運営
困難な課題への積極的なチャレンジ
会社理念の浸透
組織人としての素養・信頼
コンプライアンス　など
```

③公的資格、研修など

　業種によっては様々な公的資格等が存在する場合があります。建設業であれば建築士や各種施工管理技士、自動車整備業であれば自動車整備士や自動車検査員などがそれに当たります。

　こうした公的資格等も、**取得時期の目安となる資格等級**を定めておくとよいでしょう。

　その際、「**必須資格**」「できれば取得することが望ましい**推奨資格**」に分けてリストアップしておくことが重要です。

▶等級別の期待水準を明確にするときのコツ

　資格等級別の基準作成では、「なんとなく期待していることはあるけれど、具体的に明示しようとすると言葉が出てこない」というケースが多く、ここで企業は頭を悩ませることになります。
　そんなときは、以下のように考えてみてください。

> 仕事には幅の広さと深みがあり、その面積がレベルとなる

　「Aさんはなんでも知っている」「Bさんの仕事は正確でミスがない」「Dさんは仕事が速い」など、仕事の能力の高さは、いろいろな言い方で表現されます。

　これらをまとめると下図のように、**幅**（いろいろな仕事ができる）と、**深み**（習熟レベルが高い）の2つに分けることができます。

能力のレベルを表わす2つの要素

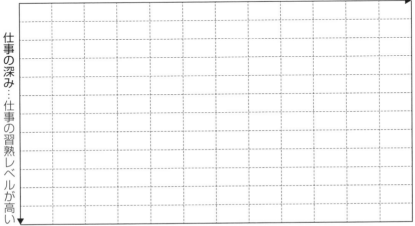

この図を使い、**人が能力を高めていく流れ**を見ていきましょう。

新入社員は、**仕事の幅も深みもないところから**スタートします。

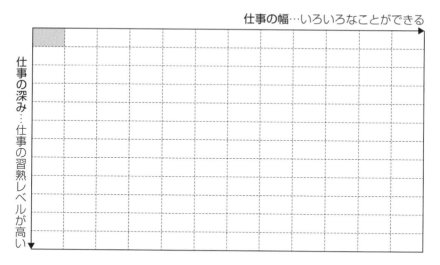

その後、まずは**仕事の幅が広がっていきます**。

たとえば、給与計算業務でいえば、最初は勤怠データの入力しかできなかった人が、帳票の打ち出しができるようになり、さらに新入社員のマスター登録もできるようになる、といったイメージです。

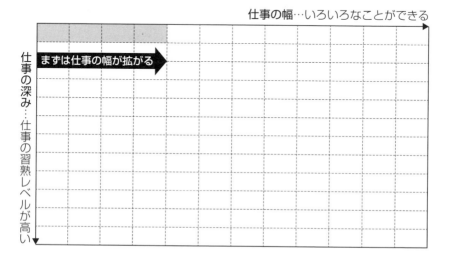

しかし、この時点では**指示されたことをそのまま行なうだけなので、仕事の深み（習熟度）は低いままです。**

さらに経験を積むなかで、仕事の深みが増していきます。

最初はデータ入力をしていただけなのが、徐々に処理するスピードが上がったり、上司に指摘される前に自分でミスに気づくことができるようになっていきます。こうして能力が高まっていくのです。

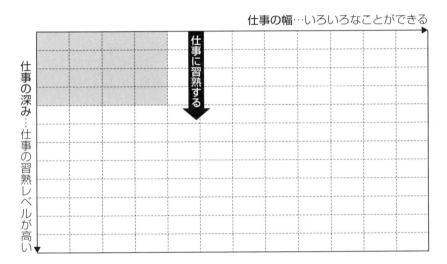

等級ごとに期待する能力のレベルを明示する際は、こうした**「人が能力を高めていく流れ」**を意識するとよいでしょう。

たとえば、ヒューマンスキルの典型例である「トラブル対応」という項目の場合、資格等級が上がっていくと以下のように仕事の幅が拡がり、深みが増していきます。

| 仕事上でトラブルが発生した場合は、作業を停止し、ただちに上長に報告する
【＝新入社員】 |

▼

| 仕事上でトラブルが発生した場合は、その状況を把握したうえで、ただちに上長に報告し、その指示のもとで対処する |

▼

| 仕事上でトラブルが発生した場合は、その状況を把握したうえで、自ら対応策を立案のうえ上長に報告し、承認を受けて対処する |

▼

| 全社の業績に影響を与える重大なトラブルが発生した場合は経営陣と連携しながら対処し、その損害を最小限にとどめる |

▼

| 仕事上でトラブルが発生した場合は、その問題を解決するだけにとどまらず、再発防止策を立案し、それを組織に浸透させる |

▼

| 職務遂行上、トラブルが発生しやすい箇所を未然に発見し、その発生防止に向け、部門の壁を越えて対応する
【＝管理職】 |

50

また、レベル感をよりはっきり示すためには「インプット」と「アウトプット」をセットで記述することも有効です。

たとえば、以下の2つを比較した場合、どちらがより期待されるレベルを表わしているでしょうか。

A	B
販売管理システムの 基本操作を理解している	販売管理システムの基本操作を理解しており、各種データの集計や加工を自ら行なうことで、見込み先へのタイムリーかつ効果的な提案を行なっている

このように比較すると、Bのほうがより具体的で、期待される仕事のレベルが明確に表現されていることがわかるでしょう。

Aは、基本操作を理解しているという**インプット（知識や能力の保有）**のみが記載されているのに対し、Bでは、そのインプットをもとにして各種データ分析を行ない、効果的な顧客提案を行なうという**アウトプット（行動や成果）**までが記載されており、その結果、到達すべき水準がよりわかりやすく明示されています。

このように、「○○を知っている（インプット）ことから、○○という好ましい結果がある（アウトプット）」という書き方を意識すると、社員から見ても非常にわかりやすい基準になります。

これは基準整備の際のコツとして覚えておくとよいでしょう。

●昇格のルールを明確にする

　資格等級別の基準ができたら、次は昇格ルールの整備に移りましょう。

　昇格とは、資「格」等級が上「昇」することを意味します。

　ここまでの段階で、各資格等級で期待される能力や役割、公的資格などを明確にしましたが、次は「**どうすれば１つ上の資格等級に昇格できるのか**」を社員に示すことになります。

　これは社員の「目標設定」や「キャリアに対する安心感の醸成」という点から、非常に重要な作業になります。

　昇格のルールについては、**①昇格対象者の選定基準**と**②昇格の審査方法および決定基準**の２点について検討します。

①昇格対象者の選定基準

　以下のように基準をつくり、「どうすれば昇格審査のテーブルに乗ることができるのか」を社員にもわかりやすい形で示しましょう。

【昇格対象者選定基準例】

　以下のいずれも満たす場合に、昇格の対象者とし、昇格審査を実施する。

(1)　過去３年間の人事評価がすべて標準以上であり、かつ直近の人事評価がプラスであること

(2)　直近１年間に減給以上の懲戒処分を受けていないこと

(3)　直近１年間の出勤率が〇％以上であること

(4)　直属上長もしくは担当役員の推薦を受けていること

　つまり、一般的には(1)人事評価、(2)懲戒処分の有無、(3)勤務状況、(4)上長推薦などを基本項目とし、場合によっては次の基準を追加します。

```
(5) ○○の公的資格を有していること
(6) ○○の研修を修了していること
```

(1)**人事評価**は、少なくとも現在の資格等級で期待される能力や役割が十分に満たされたうえで、上位等級で求められる能力・役割の発揮が期待されるような状況でなければ、昇格させることはできません。

そのため、**現在の資格等級での人事評価が標準もしくはプラスである**ことが求められます。

(2)**懲戒処分の有無**と(3)**勤務状況**は、このあたりに**問題がある場合は当然、昇格は見送るべき**ですので、それをあらかじめ明示しておきます。

(4)**上長推薦**ですが、その社員の状況を最も理解している直属の上長の意見は重要です。

「本人のモチベーションを考慮すると、今年ではなく、いま取り組んでいる課題の達成が見込まれる来年に昇格させるほうが効果的」といった判断をするケースはよく見られます。よって、そうした状況を理解する上長に昇格の推薦をさせることが、とても重要なのです。

もっとも、上長にすべてを任せてしまうと、部門によるバラつきや個人的な好き嫌いが出てしまうことがあるので、ルール上は**直属上長だけではなく、担当役員などからでも推薦できるような仕組みを導入**しておくとよいでしょう。

(5)**公的資格の保有**ですが、これを**設定する場合は注意が必要**です。業務を行なうのに必須の資格であり、ある程度普通に努力すれば取得できる資格であればよいのですが、そうではない資格を昇格の要件と

してしまうと、その他の要件を十二分に満たしているにも関わらず、**「資格をもっていない」という理由だけで昇格ができないということが起こり得ます。**公的資格の保有を昇格要件とする場合には慎重な議論が求められます。

一方、建設業系の資格に多く見られますが、「○○の資格がないとその業務が担当できない」というような資格の場合は積極的に昇格要件に盛り込み、資格取得を促すことは有効です。

新卒大量採用による人材が豊富におり、そこから選抜を行なっていくのが大企業の伝統的な昇格であるのに対し、中小企業では、そもそもそのような人材がいないことが一般的です。

中小企業の昇格は、選抜ではなく、人材育成の場と考えましょう。

そこで用いられるのが(6)**研修修了**の要件です。

たとえば、数名の部下をもつリーダーに昇格する場合、「36(サブロク)協定って何ですか?」という状態では労務管理を任せられません。

管理職に昇格する場合、決算書の見方がまったくわからないのでは、これまた管理職としては失格です。

そこで、**リーダーに昇格するに当たっては通信教育の「労務管理基礎」を、管理職に昇格するに当たっては通信教育の「財務管理基礎」を修了しておくことと規定してはどうでしょうか。**

よく、「中小企業では大企業のような教育体系を用意することができない」といわれますが、無理のない範囲で必要な階層別研修を行なう方法はいくらでも考えることができるはずです。

以上が、昇格対象者推薦のフェーズにおけるルール整備のポイントです。(4)上長推薦以外の要素はすべて会社で把握できるので、昇格の

「昇格推薦書」の書式

昇格推薦書

年　　　月　　　日

被推薦者氏名			所属		
年齢	歳	勤続年数	満　　　年(入社年月日：　　年　　月　　日)		
現行等級		等級滞留年数		現行役職	
一次推薦者			二次推薦者		

被推薦者の状況および推薦理由

①**過去2年間の職能考課結果**

　前年（　　　　　）　前々年（　　　　　）

②**過去2年間の実績考課結果**

　前年冬季（　　　　）　前年夏季（　　　　　）　前々年冬季（　　　　　　）

　前々年夏季（　　　　　）

③**過去3年間の懲戒歴**

　□懲戒歴なし　　　□懲戒あり（その時期および内容：　　　　　　　）

④**必要研修等の受講履歴**

⑤**職務の状況**

　1）職務内容およびその評価

　2）対人関係面

　3）仕事に対する意欲、積極性

⑥**推薦理由**

　1）一次推薦者

　2）二次推薦者

人事処理欄	□昇格決定　□昇格見送り　□その他（　　　　　）
意見	

時期に会社から昇格対象者としての要件を満たした社員のリストを管理職に提示し、上長から推薦させるのがよいでしょう。

②昇格の審査方法および決定基準

　次は、昇格対象者のなかから、実際の昇格を決定していくフェーズになります。

　読者の皆さんとしては、昇格を人材育成や動機づけの場と考え、有効に活用したいところでしよう。本人が何も知らないうちに昇格が決まり、その結果だけが伝えられるというのでは、その喜びも半減してしまいます。

　やはり、**本人が達成感をもち、仕事のやる気を高めることができるような関門（＝昇格審査）を用意しましょう。**

　昇格審査としては、一般的に、(1)面接、(2)小論文、(3)プレゼンテーション、(4)試験などが実施されています。

　一番手軽なのは(1)**面接**です。
　「社員とはいつもコミュニケーションを取っているから必要ないよ」と言われる経営者や管理者がいますが、その認識は改めたほうがよいかもしれません。日頃のコミュニケーションは業務指示や確認が中心であることが多いからです。
　ここでの面接は、資格等級から見て期待される仕事ぶりを確認し、それができていれば承認し、次への目標設定をすることに主眼が置かれます。
　通常、この昇格時面接で「昇格不可」の判断を行なうのは、よほどのことがない限り、「ない」はずです。面接では**社員のこれまでの頑張りと成長を具体的に指摘し、それに感謝するとともに、思いっ切り**

56

褒めてあげてください。

　そのうえで、これから期待する事項を伝え、その達成に向けた会社としての支援を約束してください。それで十分です。

　何らかの課題を与えようとすると(2)**小論文**や(3)**プレゼンテーション**などが有力な選択肢となります。

　繰り返しになりますが、**中小企業の昇格は「選抜」よりも「人材育成」という要素が強いことから、テーマとしては、この時点で社員に学んでおいてほしいこと、考えとしてまとめておいてほしいことを設定するとよいでしょう。**

　たとえば、管理職に昇格するタイミングを考えてみましょう。

　これまでは課長など、上司の指示の下に仕事を行なっていればよかったものが、今後は、部門目標を設定し、部下１人ひとりに対してその役割を明確に示したうえでマネジメントを行ない、目標達成をすることが求められるわけです。

　もし、管理職が、自部門を取り巻く環境（市場の環境や競合状況、今後予想される変化など）について情報をほとんどもっていなかったら、さらに自分の考えがまったくまとまっていなかったら、どうでしょうか。管理職として順調な船出をすることは難しいでしょう。

　だとすれば、**昇格のタイミングで、課題を整理し、自分自身の考えを明確にするプロセスを踏ませておくことが重要です。**

　たとえば、昇格審査として「自部門を取り巻く現在の環境を分析したうえで、今後解決すべき課題とその方向性について述べよ」という課題を与え、小論文もしくはプレゼンをさせてみるのです。

　もちろん、課題を出された時点でそれに対応できる社員は少ないで

しょう。でも、それでいいのです。そこから審査の日までの間にいろいろな情報を集め、多くの上司や先輩に意見を求め、自分なりの意見をまとめればよいのですから。

　なかでも、**役員会でのプレゼンは、その場で多くの役員からフィードバックすることもでき、また会社に認められたという実感を本人に強くもたせることができるのでお勧めです。**

　プレゼンはどちらかといえば、上位等級の社員の昇格の際に求められますが、下位等級の場合には何らかの(4)試験を実施することも有効です。

　試験は、ペーパーテストでもかまいませんが、現場系の仕事の場合は実技試験がお勧めです。事前に課題を出しておき、その技術レベルを見るわけです。

　下位等級の社員は、まず基本的な仕事を間違いなく行なうことが重要になるので、こうした試験制度を導入し、試験合格に向かって勉強させることが有効です。

　一方、昇格の反対、**降格についてのルールも定めておくとよいでし**ょう。

　普通に考えれば、そうそうある話ではないと思いますが、何らかの理由により能力発揮や職務遂行のレベルが大幅に低下し、降格を検討せざるを得ない場合があります。

　そのような場合、まず考えなければならないのは、降格ありきではなく、その執務レベルをどう改善し、期待される水準に引き戻すかということです。

　よって、降格のルールとしては、「**2年連続で最低評価を得た場合**

には、取締役会の承認により降格を行なうことがある」といった原則を定めたうえで、現実に最低評価を受けた社員が発生した場合には**面談を行ない、次年度も同様の評価を受けないように目標設定をします。**

　現在の仕事の問題点はどこにあるのか、それをどのレベルまで改善すればよいのかを具体的に共有したうえで、そのための行動計画を作成し、改善を進めていきます。

　この取組みを行なうことで状況が改善することがベストですが、改善状況が不十分な場合には、期中であっても定期的に面談をし、改善に向けた支援を行なうようにしてください。

　これで改善されるのがベストですが、残念ながら行動の改善がまったく見られないような場合は、降格を決断しなければならないこともあるでしょう。
　コンプライアンス上の問題を軽減するためにも、ルールを明確化し、手順を踏んで進めたいものです。

　第2章では、新人事制度のコンセプト立案から、人事制度の背骨となる資格等級の整備、そして等級基準の整備までを取り上げました。
　第2章で解説した部分がしっかりしていないと、今後の制度設計がふらついてしまいます。しっかり議論を行ない、「この方向で人事制度の設計を進めれば、会社はよい方向に動き出す」という確信を得たうえで次に進んでください。

Column

すべての人事制度を
「あえて１年間のうちに構築しない」という選択もある！

　ここまでで人事制度の骨格となる資格等級制度の整備が完了しました。

　この後は賃金制度の検討に入りますが、実際の制度整備の場面においては、初年度は、「あえて賃金制度には踏み込まない」という選択肢が存在します。

　新人事制度の社員説明会の場面を想像してください。

　説明資料の前半には、制度改定の狙いや目的、資格等級制度や人材育成の考え方が記載され、後半には基本給や諸手当、昇給などの賃金制度、賞与制度、退職金制度などの概要が記載されているとします。

　その場合、社員の関心はどうしても、「自分の給料はどうなるのだろうか？」と後半のお金に関する事項に集中し、前半の内容は後回しになってしまうのではないでしょうか。

　経営サイドから見た場合、人事制度において最も重要なのは、社員に対する期待事項を明確に伝え、人材育成につなげることです。

　つまり、「前半部分の説明を徹底すること」がまずは必要なのです。

　したがって、人事制度構築に当たっては、賃金制度といったお金の話はあえて次年度に回し、初年度は人材育成と人事評価に限定して制度導入を行なうこともあります。

　このあたりのスケジュールは、人事制度構築の目的から逆算して検討するとよいでしょう。

第3章

貢献度に見合った賃金を支給する仕組みをつくる

ステップ❸

賃金制度 （1）方向性の立案

▶現在の賃金制度の傾向と課題を把握する

ここからは賃金制度の設計に入ります。

賃金制度の設計は大きく以下の流れで進めることになります。

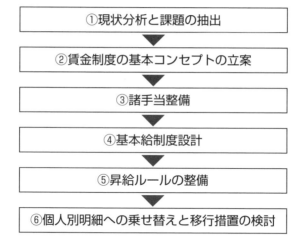

まずは①現状分析と課題の抽出を実施しましょう。

賃金の現状については通常、**プロット図を作成する**ことにより、その全体像を把握します。

プロット図とは、**横軸に年齢や勤続年数などの時間の経過、縦軸に給与等支給額**を取った散布図のことをいいます。

賃金プロット図サンプル

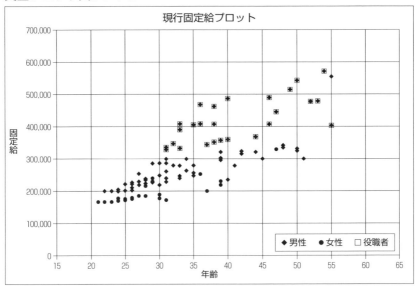

　上図に示したサンプルは、最も一般的な、横軸に「年齢」、縦軸に「固定給支給額」を取ったものです。

　昔は方眼紙を使って、1人ひとり点を打っていった時代もありましたが、現在ではEXCELのグラフ機能（散布図）を使用すれば簡単につくることができます。

　このプロット図を使った分析では、以下のことを把握します。

---
①初任給水準は適正か
②賃金水準は地域や業種の相場と比較して適正か
③賃金カーブの"中だるみ"などの問題はないか
④社員間の賃金のバラつきに不合理な点はないか
⑤管理職と非管理職の賃金水準の差は適正か

　それでは、それぞれについて解説していきましょう。

①初任給水準は適正か

　近年、新卒求人環境の悪化により、じわじわと初任給水準が上昇しています。新卒採用において初任給は重要な要素となりますから、しっかりチェックしておきたいところです。

　初任給の調査には下表のように様々なものがあります。自社に合った情報を入手し、現状の初任給と比較しておきましょう。

　表ではサンプル数の多い主要調査を紹介しましたが、経団連や産労総合研究所の調査などもよく利用されています。

　地方のデータについては各地の商工会議所や経営者協会、金融機関などが調査していることもあるので、探してみるとよいでしょう。

初任給の主な調査データ（2015年度）

（1） 厚生労働省 「賃金構造基本統計調査結果（初任給）」	大学院修士課程修了 　　　　　　228.5千円 大学卒　202.0千円 高専・短大卒　175.6千円 高校卒　160.9千円	わが国の代表的な賃金統計（データは男女計のもの）
（2） 東京都 「中小企業の賃金事情」	大学卒　204,143円 専門学校卒　188,355円 高専・短大卒　187,293円 高校卒　176,222円	東京都が中小企業を対象に実施。職種別や産業別でも集計している
（3） 一般財団法人 労務行政研究所 「新入社員の初任給調査」	大学院修士課程修了 　　　　　　225,094円 大学卒　208,722円 高専卒　185,229円 短大卒　176,392円 高校卒　163,689円	データは一律設定のもの

②賃金水準は地域や業種の相場と比較して適正か

　初任給と同様にモデル賃金のデータも提供されていることが一般的です。そうしたデータを自社の賃金水準の検証に活用しましょう。

　その際、いくつかの注意点が存在します。

　モデル賃金は、新卒で入社した社員が順調に昇進昇格した場合のモデルケースをまとめた資料になります。

　管理職であればまだよいのですが、特にベテランの一般社員では、モデル賃金より低い水準にとどまるケースが一般的です。**モデル賃金との比較で重要になるのは、役職によるバラつきが大きくなる前の30代前半くらいまでと考えておくとよいでしょう。**

　「モデル賃金に比べて低いベテランクラスの水準を、ただちに引き上げなくてはならない」と考える必要はありません。

　管理職については、昨今、役職別の賃金水準の調査が増えてきているので、そうしたデータと比較することも可能です。

　その他、賃金統計には年収を集計したものもあるので、**複数のデータを用い、多面的に自社の賃金水準の傾向を把握し、課題抽出につな**げましょう。

③賃金カーブの"中だるみ"などの問題はないか

　プロット図を使うと、自社の賃金カーブの特徴を視覚的に把握することができます。その際、よく問題になるのが**中だるみ**です。

　中だるみとは、**若年層の昇給水準が低いなどの理由により、30代・40代を中心に賃金の上昇が伸び悩み、水準が相対的に低くなっている**状態を指します。

その世代はバブル崩壊後に就職し、それ以前と比較して大幅に低い昇給に甘んじていた世代でもあることから、中だるみがよく発生しています。

多くの企業で見られる課題で、社会全体の構造変化も背景にある大きな問題ですが、**この状態が放置されると離職の原因にもなりやすい**ため注意が必要です。

④社員間の賃金のバラつきに不合理な点はないか

プロット図を眺めていると、**社員間の賃金のバラつきの理由が合理的に説明できない**という企業が少なくありません。同世代で仕事の内容も能力も同程度であるにも関わらず、数万円単位で賃金の差が生じていたりするのです。

その原因として最も多いのが、**中途採用における雇い入れ賃金のバラつき**です。

労働市場は常に変化していることから、同じスペックの人材であっても、人手不足のときと人余りのときでは、採用できる賃金水準が異なるケースはよくあります。そこで発生した**雇い入れ賃金の差が是正されることなく、そのまま平行移動している**わけです。

同じ資格等級の社員のなかで、なぜか1人だけ賃金が飛び抜けて高い場合、よくよく確認してみると、「その社員は元管理職で、何らかの理由により降格した」という経緯だったケースも珍しくありません。

そこでこの段階では、**作成したプロット図を詳細に分析する**ことによって、**現在の賃金に説明できないような不合理な状況が起きていないか**を確認しておくことが求められます。

⑤管理職と非管理職の賃金水準の差は適正か

 2008年に起きた日本マクドナルドの訴訟事件では、**名ばかり管理職**という言葉が生まれ、その年の新語・流行語大賞のトップ10にも選出されました。

 労働基準法でいうところの管理監督者は、以下の3つの要件を満たすことにより、労働時間、休憩および休日に関する労働基準法の規定の適用が除外され、その結果として時間外割増賃金等(深夜割増は除く)が発生しないということになります。

労働基準法上の管理監督者の3要件
(1) 経営者と一体的な立場で仕事をしている
(2) 出社、退社や勤務時間について厳格な制限を受けていない
(3) その地位にふさわしい待遇がなされている

 このうち、賃金制度が関係してくるのが(3)の待遇に関する事項になります。

 管理職については、**毎月の賃金や賞与の水準、労働時間の実態などを総合的に勘案し、部下の一般社員との間で適切な差がついているか**など、管理監督者にふさわしい待遇がなされているか検証を行ないましょう。

▶限られた賃金原資をどう配分すれば会社は成長するのか

　ここまでの議論で、自社の賃金制度の課題について把握できたのではないでしょうか。
　具体的な新制度の検討に入る前に、全体的な考え方について少し整理しておきましょう。

　人事制度を考えるうえで常に意識しておかなければならないのは、人件費として支給できる原資は決まっており、それは１つの財布の中に入っているということです。
　「この限られた人件費の原資をどのように配分すれば（さらにいえばどのように見せれば）、最も大きな効果が期待できるのか」を考えてみてください。

　それでは皆さんに質問です。

あなたはいま大学４年生で就職活動中です。以下のどの会社が魅力的に見えますか？　なお、仕事の内容や勤務場所は同じです。

【A社】
　　初任給は20万円だが、退職金は普通

【B社】
　　初任給は17万円だが、退職金は高い

【C社】
　　初任給は30万円だが、退職金制度はない

まずはＡ社とＢ社を比較してみましょう。

退職金の金額が曖昧すぎて判断できない人もいると思いますが、就職サイトで実際の退職金の水準が明示されていることはほとんどありません。

だからといって、面接で退職金の支給水準について質問する学生もいないでしょう。**ほとんどの学生は、こんな不明瞭な情報をもとに就職先を決めているのです。**

そうであるとすれば、退職金の水準は普通で、初任給が３万円高い会社のほうが魅力に映るのではないでしょうか？

もしかすると、いまどきのネットを活用した就職活動では、初任給17万円の企業は、そもそも検索対象からはずれてしまい、存在すら認識してもらえないかもしれません。

次にＡ社とＣ社を比較してみます。

学生にとって30万円という初任給はかなり魅力があるでしょう。

しかし、「高額な初任給で退職金制度がない」ということは、以下のような不安を与えてしまうかもしれません。

不安その１　「こんなに高い初任給を出さないと人が集まらないということはブラック企業かもしれない」

不安その２　「退職金制度がないということは長期勤続を想定しない、人材使い捨ての会社かもしれない」

不安その３　「もしかしたら残業代込みの金額で、とてつもない長時間残業があるのかもしれない」

第3章　貢献度に見合った賃金を支給する仕組みをつくる

もちろん初任給が高いのは大きな魅力ですし、退職金制度がないのも、その理念がはっきりしていれば特に問題ではありません。

　しかし、たったこれだけの情報でも、（誤解も含め）様々な印象を学生に与えてしまいます。

　このように考えると、限られた人件費の原資をどのように配分し、どう見せるのかは重要なテーマとなります。

　また、**最近は諸手当を廃止し、基本給に一本化する企業も増えていますが、これも一長一短です。**

　シンプルでわかりやすい給与体系というのは基本的にはよいことでしょう。しかし、社員や求職者の目線で見ると、**基本給一本の会社は少し冷たい印象を受けるようです。**

　逆に、家族手当や住宅手当のような生活関連手当がある会社のほうが、「社員想いのやさしい会社」という印象を与えます。仮にその分だけ、基本給が低く、総支給額は同じだとしても……。

　人事制度を見直すのであれば、何かが改善し、よりよい状態がつくられなければ意味はありません。

　賃金制度の各論に入る前にもう一度、制度全体のコンセプト、そして今回の制度改定を通じて、何を実現しようとしているのかをまとめておきましょう。

ステップ❹

賃金制度 (2)諸手当の整備

▶「こだわりたいが、基本給にはできないもの」を設定する

それではいよいよ賃金制度の設計に入りましょう。

賃金制度というと、「基本給をどうするか」を最初に検討しようとする人が多いと思いますが、**制度設計の実務としては、まず諸手当を整備することをお勧めします。**

それはなぜか？ 諸手当は、必ず支給事由と支給額がイコールで結ばれるからです。

たとえば、「部長であれば役職手当がいくら」であるとか、「扶養する子どもがいれば家族手当がいくら」というように、必ず支給額が1つの要素で確定するのです。

これに対し、基本給では通常、能力や職種、年齢、キャリア、学歴、人事評価など、様々な要素から総合的に支給額が決定します。
さらに昇給という制度があるので、その支給額は毎年見直されることになります。

したがって、**賃金制度を構築する際は、諸手当をまず確定させ、その後、基本給の議論を行なった**ほうがスムースに進みます。

それでは諸手当の検討に入りましょう。

そもそも諸手当とは、どのようなものなのでしょうか？　筆者はこのように考えています。

諸手当とは、会社としてのこだわりポイントでありながら、それを基本給として見るべきではないもの

詳細は改めて述べますが、基本給は社員の会社に対する貢献度の高さを反映し、その貢献度に見合った処遇を行なうものです。

これに対し、**諸手当は、会社として「この要素は賃金として見てやりたい」と考えるもので、しかしながら基本給のなかで処遇するのは適切ではないため、基本給とは別枠で支給するものなのです。**

具体例を使ってお話しましょう。

たとえば、御社の所在地が東京駅付近だとします。ある社員の自宅は八王子にあり、毎日、JR中央線の快速電車で1時間強かけて通勤しています。東京ではよくあるケースです。

こんなとき、多くの経営者はこう思うのです。

「せめて通勤に必要な交通費の実費は会社で負担してやりたい」

八王子駅から東京駅までの通勤定期代は1か月でおおむね2万円ほどになります。このような場合、御社ではこの社員の基本給に2万円を加算するでしょうか？

恐らく、しませんよね。なぜなら、**基本給はその社員の貢献度を反映するものである以上、「遠くから通勤しているだけ、基本給が高い」という取扱いは不合理**だからです。

さらに、**基本給が賞与や退職金にも連動しているような場合は、遠くから通勤しているとその分、賞与や退職金まで高くなります。**さすがにそれは「おかしい！」わけです。

したがって、通勤の実費については基本給ではなく、基本給とは別枠の通勤手当として支給するのが合理的です。

つまり、通勤にかかる費用の実費を通勤手当として支給するということは、以下のようなロジックになっているのです。

◎**会社としてのこだわりポイント**

どこから通勤しようが、仕事の内容には基本的に関係ない（いや、むしろ通勤時間が短いほうが疲労も少なく、よいパフォーマンスを発揮する可能性が高い）が、会社に来てくれる以上、通勤にかかる実費くらいは会社で支給してやりたい

◎**なぜ手当として支給するのか**

通勤にかかる実費は、社内における貢献度とは関係ないので、基本給で処遇すべきではない

つまり、**どのような手当が自社には必要なのかを検討することは、会社としてのこだわりポイントを探すこととイコールなのです。**

皆さんの会社は、どのようなこだわりをもっていますか？

▶「動くところは手当」と心得よう

　手当の設定では、もう１つの視点が存在します。それが「動くところは手当」という考え方です。

　賃金には**下方硬直性**という性質があります。簡単にいえば、「**その金額をいったん支給すると、なかなか下げることができない**」という**特性をもっている**のです。
　なかでも基本給は様々な要素により総合的に支給額が決定しているため、特に下方硬直性が強くなります。

　そこで**注目したいのが手当の性質**なのです。

　前項で、「手当は必ず支給事由と支給額がイコールで結ばれる」と説明しました。
　部長の仕事をしているから役職手当が○万円なのであり、扶養している子どもがいるから家族手当が○千円支給されるのです。
　ということは、その支給事由がなくなれば当然、手当の支給もなくなります。

　この特性を考えると、"動く"ところ、つまり、**将来的にその支給事由がなくなる可能性があるものについては、手当で処遇したほうが**禍根を残しません。

　家族手当はその典型です。
　子どもが生まれ、扶養するようになった場合は支給事由を満たすため、家族手当が支給されます。
　しかし、子どもはいつか扶養からはずれる日がきます。たとえば、

74

高校を卒業し、就職した場合は支給事由がなくなるので、その翌月からは家族手当の支給がストップします。非常にシンプルな話です。

役職手当も同じように考えることができます。

小売業で非常に優秀な店員がいたので店長に抜擢したとします。しかし、管理業務がまったくできず、店舗の業績は下降する一方。このままではいけないので、その人を店長の職からはずしました。

このようなケースも、基本給を上げ下げするのではなく、役職手当で対応すると非常にわかりやすく、理由も明確になるのです。

「**動くところは手当**」。このキーワードを覚えておいてください。

▶家族手当を通じて考える自社のこだわりポイント

　それでは、実際に今後の諸手当をどうするのかについて検討していきましょう。

　このとき、筆者がクライアントにお勧めしているのは、**まず家族手当の議論からスタート**することです。

　その理由は以下の３点にあります。

家族手当から議論する理由
① 多くの企業で採用されている手当であり、なじみがある
② 労働契約の本旨からすれば、本来は支給する必要がない手当であり、今後の人事制度のコンセプトにも大きく関係する
③ 近年、多くの企業で見直しが進められており、国としてもその見直しを提言している

　それでは以下の質問について考えてみてください。

質問

製造部に大学新卒入社で同期の男性社員が２人います。
２人とも入社13年・35歳ですが、Ａくんは25歳で結婚し、現在、小学生と幼稚園児の子どもがいます。Ｂくんは独身で、親元から通っています。
２人の能力や人事評価の内容はほぼ同じ場合、賃金は同額にすべきでしょうか？　差をつけるべきでしょうか？

① 能力、年齢、学歴などは同等なので同じ給料とするべきだ
② Ａくんには扶養家族がおり、生活コストが高い以上、別途いくらか手当などを支給し、その生活に見合った給料とするべきだ

筆者はこの質問をコンサルティングやセミナーの場でほぼ毎回行ない、聴講者の皆さんに考えてもらいますが、これまでの経験を平均すると、以下のような回答割合になっています。

①同じ給料…20%　　②家族手当を別途支給…80%

やはり、家族手当の支給ニーズは、まだまだ強いことがわかります。

なお、筆者は①を選んだ人のことを「**原則論派**」、②を選んだ人のことを「**生活費補填派**」と呼んでいます。

そもそも**労働契約**とは、社員（労働者）が会社（使用者）に対して労務を提供し、それに対して会社（使用者）が対価たる賃金を支払う契約です（下図参照）。

つまり、**賃金とは仕事に対して支払われるものであって、その社員が結婚しているであるとか、子どもがいるということとは本来関係はありません**。

労働契約とは

労働契約は、労働者が使用者に使用されて労働し、使用者がこれに対して賃金を支払うことについて、労働者および使用者が合意することによって成立する

参照条文　労働契約法6条

したがって、①の皆さんは労働契約の原則に基づいた考え方であることから「原則論派」と呼んでいます。

　これに対して、②「生活費補填派」の皆さんは、原則論派の考えを理解したうえで、「そうはいっても扶養家族がいると生活は大変だ」とお考えではないでしょうか。
　やはり生活の安定があってこそ、よい仕事につながる以上、安心して仕事に集中できるように、いくらか家族手当のようなもので支援してやるべきだ、ということだと思います。

　これはいずれも正論ではないでしょうか。
　そうなのです。この質問には「絶対的な正解」があるのではなく、御社のスタンス、もっといってしまえば「こだわり」をお聞きしているのです。

　この質問に対する御社の回答は、人事制度のコンセプト立案に大きく影響します。それだけに、社内でしっかりと議論をしていただきたい事項です。

　それではもう1つ、お聞きします。次は家族手当を支給する場合のあり方について考える質問です。

質問
A君に家族手当を支給するとした場合、対象者はどの範囲とするべきでしょうか？いずれの家族も所得税の扶養の範囲内であるとします。

①配偶者　　②子ども

この設問は最近の家族手当のトレンドにも大きく関係しますが、これまでの経験でいえば、以下のような回答割合になっています。

①配偶者…手当が必要　20%　　手当は不要　80%
②子ども…手当が必要　80%　　手当は不要　20%

最近は、配偶者に対する家族手当は多くの人が不要と考え、子どもに対しては積極的に支給してやるべきだという意見が強くなっています。その背景にあるのが、共働き世帯の増加です。

下のグラフは、1980年以降の専業主婦世帯（男性雇用者と無業の妻からなる世帯）と共働き世帯の推移を示したものですが、1980年と2014年を比較すると表のような結果となっています。

増加する共働き世帯

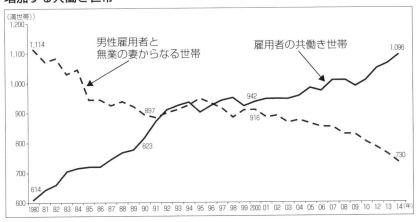

	1980年	2014年
専業主婦世帯	1,114万世帯（64%）	730万世帯（40%）
共働き世帯	614万世帯（36%）	1,096万世帯（60%）

出所　総務省統計局「労働力調査特別調査」（1980年〜2001年）、「労働力調査（詳細集計）」（2002年〜2010年、2012年〜2014年）より作成

このように1980年は結婚している世帯の６割以上が専業主婦世帯だったものが、90年代に割合が拮抗した後、現在では共働き世帯が６割という状況に逆転しています。

　1980年当時であれば、多数派であった専業主婦世帯に手当を支給する考え方が合理的だったと考えられます。

　しかし、現在は共働きが当たり前の時代。特に若い世代で専業主婦というのは、ほぼ考えられない状態になっていることから、**配偶者に対する手当は縮小する一方**というのが実態です。

　共働きが主流になってくると、子育ての負担が大きくなってきます。保育園などの費用に加え、進学率も上がっているので、教育費の負担がかなり大きいのが実情です。

　そこで、**近年は子どもに対する手当を充実させようという考え方が強くなっています。**

　国の政策としても、収入を支給要件とする配偶者手当は女性の就労を抑制する要因となっていることから、これを中立的な制度に見直す必要があるという報告書が出されており、今後、多くの企業でも家族手当の見直しが進められることは間違いありません（次ページ表）。

　以上、諸手当検討のスタートとして家族手当を取り上げました。社内で検討すれば間違いなく議論が盛り上がることでしょう。

　繰り返しになりますが、諸手当は会社のこだわりポイントを賃金として表現したものです。どの分野にこだわるのか、その手当を支給する意味はどこにあるのかというコンセプトを明確にして、価値のある手当の設定を進めてみてください。**会社としてコンセプトが説明できないような手当に意味はありません。**

厚生労働省
「女性の活躍促進に向けた配偶者手当の在り方に関する検討会報告書」
(2016年4月　抜粋)

　日本では、今後、生産年齢人口が減少し、出生数の減少による若年労働力の減少や、高齢者の引退の増加によって、労働力人口は高齢化しながら減少していくことが予想されている。このため、若者、女性、高齢者、障害者など働く意欲のあるすべての人がその能力を十分に発揮できる社会を形成することが必要となっており、働くことに対して中立的でない制度については中立的にする等誰もが働きやすい制度となる方向へ見直すことが求められる。
　配偶者の収入要件がある「配偶者手当」については、配偶者の「就業調整」の要因となり、結果として女性の能力発揮の妨げとなるとともに、他の労働者の負担増などの影響を生じさせていると考えられることから、配偶者の働き方に中立的な制度となるよう見直しを進めることが望まれる。

▶多くの企業で採用されている主要な手当の現状と見直しの視点

諸手当についての議論をさらに進めていきましょう。

企業では様々な手当が支給されています。ここではそうした諸手当のなかでも、比較的導入事例の多い、いくつかの手当について、その現状と見直しを進める際に押さえておきたいポイントを解説します。

それでは前項からの流れで、家族手当から話を進めていきます。

（1）家族手当

【現状】

家族手当は、役職手当や通勤手当と並び、最も導入例が多い手当の1つです。

東京都「中小企業の賃金事情（平成27年度版）」（以下、本項においては特記がない限り同じ）で見ると**58.4％の企業で導入**されており、その支給水準は、以下のとおりとなっています。

第一扶養 （配偶者）	第二扶養 （第一子）	第三扶養 （第二子）	第四扶養 （第三子）
10,824円	4,903円	4,661円	4,663円

大企業の場合は、上表より水準が少し高いケースも多いため、おおむね、配偶者が10,000〜15,000円、子どもが4,000〜5,000円程度と理解しておくとよいでしょう。

【見直しの方向性】

家族手当には77〜78ページで述べたとおり、大きく分けて、

- 原則論派
- 生活費補填派

の2つの考え方があります。

原則論派の場合、「本来、仕事とは関係のない扶養家族という要素に対して賃金を支給すべきではなく、あくまでも仕事のパフォーマンスを中心に処遇すべきだ」という考え方なので、**家族手当は廃止し、その原資を基本給等に回す**ことになります。

一方、**生活費補填派**の場合、議論の中心は子育てに対する給付の充実となるので、**配偶者手当を廃止・縮小し、その原資を子どもに回す**ケースが一般的です。

配偶者手当は、東京都の調査で見ると平均10,000円程度ですから、じつはかなり大きな原資がここにあります。

平均30歳で結婚し、60歳までの30年間、配偶者手当の支給を受けるとした場合、その総額は、10,000円×12か月×30年間＝360万円にもなります。これを原資として、子どもへの給付の充実を考えるわけです。

ただ、**配偶者手当を廃止し、対象者を子どもに限定すると、特に子どもが成人したベテラン社員に大きなマイナスが生じる**ので、その対応を社内で十分に議論することが必要です。

以下では、前述の例で用いた360万円の半分である180万円を原資として、子どもに対する給付を充実させる方策を3つ紹介します。

第3章 貢献度に見合った賃金を支給する仕組みをつくる

83

A 子ども手当の増額

　まずは子どもに対する家族手当を単純に増額する方法です。この方法は2016年にトヨタ自動車が実施したことで話題になりました。

　トヨタ自動車では、従来、手当の対象であった**配偶者を支給対象からはずし、子どもや介護を必要とする家族1人当り一律20,000円**という仕組みを採用しています（5年間の移行措置あり）。

　仮に180万円を原資とし、子どもの平均人数を2人、高校卒業までの18年間を支給対象とすると、180万円÷（2人×18年間×12か月）＝4,167円となります。従来より、平均的な5,000円の手当が支給されていたとすれば、それと合計し、子どもに対する手当を9,000～10,000円くらいに引き上げられるでしょう。

　ちなみに、子ども手当を議論する際は、**支給対象年齢**についても整理しておきましょう。

　従来は高校卒業までを対象としている企業が中心でしたが、近年の大学進学率の上昇（文部科学省「平成27年度学校基本調査」によれば56.5％）や、**「本当にお金がかかるのは大学の学費」**という意見から、大学卒業までを対象とする企業も増えています。

　そこで、検討する際は以下のポイントを押さえるようにします。

1．18歳以降については、在学を要件にするのか。単純に22歳までを対象にするのか
2．在学を要件とする場合、支給対象とする学校の範囲はどうするのか。浪人生はどうするのか
3．医学部など6年制の大学の場合や留年の場合、どうするのか
4．いったん社会に出た後、大学に入学した場合はどうするのか
5．複数の大学への入学や海外留学、大学卒業後の専門学校入学などの場合はどうするのか

84

B　子女教育手当の設定

　子どもに対する給付の充実をさらに掘り下げていくと、**特定の層の子どもについての支援を重点的に行ないたい**、という考えにたどり着くことがあります。

　最も典型的なのは、「**大学生の子どもへの支援を充実させ、社員がその子どもを安心して大学に行かせることができる会社をつくりたい**」というケースです。

　このような考えの会社に最適なのが子女教育手当の設定です。

　これは従来からある毎月の子ども手当とは別に、たとえば大学生の4年間に限り、別途手当を支給するというものです。

　前述の例で用いた180万円を原資とし、子どもの平均人数を2人、大学への平均進学率を60％とすれば、180万円÷（2人×4年間×12か月）÷60％＝月額31,250円もの子女教育手当を大学生である4年間、支給することができます。

　もちろん180万円の原資すべてを子女教育手当に投入する必要はないかもしれませんが、かなりインパクトのある、充実した支援を行なうことができます。

　さらに、子女教育手当は家族手当同様、**時間外割増賃金の計算から除外することができる**ので、その点でもリーズナブルな手当です。

C 次世代育成支援金の設定

「子ども手当」と「子女教育手当」は毎月の手当として支給する子ども支援策でしたが、次世代育成支援金は、**支給方法も含め、より柔軟に見直すことで社員のニーズに応えようとするもの**です。

　子どもが生まれ、成長する過程においては何回かの大きなライフイベントがあり、そのつど、何かと資金が必要になります。

　その際に、一時金を支給することで会社から支援を行なうのが、次世代育成支援金の考え方です。

　具体的には、総原資180万円で、対象となる子どもが平均2人だとすると、1人当り90万円の原資があるので、たとえば、以下のようなライフイベントの際に一時金を支給することが考えられます。

1.	出生時	200,000円
2.	小学校入学	200,000円
3.	中学校入学	150,000円
4.	高校入学	150,000円
5.	高校卒業	200,000円
	合計	900,000円

次世代育成支援金のメリットは、なんといっても社員に対するインパクトがあることです。

　「子ども手当」の単純増額の場合、今回の原資180万円ですと月額4,000円程度の増額にとどまります。

　水準としては定期昇給1回分、もしくは残業代2時間分程度ですから、導入当初は別として、すぐに当たり前のものになってしまうかも

しれません。

　しかし、次世代育成支援金は、支給される機会は数年に1回しかないものの、**1回の金額を10万円以上という高額に設定できる**ことから、**その喜びは非常に大きなものになります。**

　その結果、次世代育成支援金の話を、周囲の同僚たちに笑顔で自慢する社員も出てくることになります。
　つまり、毎年春には、この制度が話題にのぼることになるのです。

　会社が社員のことを、さらにはその家族のことを大事に思っているというメッセージが毎年春に社員の間で確認されることになりますから、この**口コミ効果は非常に価値があります。**
　導入を検討する際は、次ページに示した「次世代育成支援金制度運用規程」のサンプルを参考にしてください。

　なお、次世代育成支援金は、少額の慶弔見舞金とは異なり、**支給金額によっては賃金として所得税や社会保険料等の対象になる場合があります。**
　制度を導入される際には、税務署や年金事務所などに相談されることをお勧めします。

次世代育成支援金制度運用規程サンプル

次世代育成支援金制度運用規程

第1条（目的）

　次世代育成支援金制度は、社員のライフステージにおける生活設計のなかで、子どもの養育および教育費に関する支出が大きな負担となっている状況を鑑み、一定の支援を行なうことで、社員が安心して働くことができる環境の構築を目指すものである。

第2条（支給対象となる社員）

　次世代育成支援金制度の対象者は正社員とし、パートタイマー、アルバイト、契約社員、嘱託社員など、正社員以外の従業員には、これを適用しない。

第3条（支給事由および支給額）

　次世代育成支援金は、所得税法上の被扶養者である子どもを有する社員に対し、その養育する子どもに以下の各号に定める事由が発生した際、所定の一時金を支給するものである。

　　①出生　　　　　　200,000円
　　②小学校入学　　　200,000円
　　③中学校入学　　　150,000円
　　④高等学校入学　　150,000円
　　⑤高等学校卒業　　200,000円

第4条（支給時期および方法）

　次世代育成支援金の支給時期は以下のとおりとする。
　　①第3条第①号の事由による場合　　出生の届出がなされてから1か月以内
　　②第3条第②号ないし第⑤号の事由による場合　その事由が発生する直前の3月

2．第3条第④号については、高等学校に進学せず、就職した場合等であっても高等学校進学とみなし、所定の支援金を支給する。

3．第3条第④号の事由により次世代育成支援金の支給を受けようとする社員は、その事由が発生した際に会社に対し、所定の様式をもって遅滞なく届出しなければならない。その際、必要に応じ、在学証明などの書類添付を求めることがある。なお、その証明書等の提出がなされない場合には支援金を支給しないことがある。

4．支給は給与口座への振込により行なう。

　　　　　　　　　　付　　則

　　この規程は平成　年　月　日より施行する。

（2）役職手当

【現状】

　役職手当は、家族手当よりもさらに多くの企業で導入されており、東京都の調査によれば**72.9%の企業で支給**されています。

　その平均支給額は以下のとおりです。

部長	課長	係長
71,511円	49,861円	23,228円

　金額を見ると、係長から課長に昇進すると支給額が大きく増えています。

　これは、多くの企業で、課長以上を管理監督者として、時間外割増賃金等の対象からはずす取扱いをしている関係で、時間外割増賃金相当額が役職手当に加算されていることが要因です。

　連合の調査「諸手当調査・福利厚生動向調査（2013年度）」では、課長クラスの役職手当について、時間外割増賃金の支給有無により以下のように集計されています。

全　体	45,147円
時間外割増賃金の支給あり	31,029円
時間外割増賃金の支給なし	57,969円

　以上のように、**管理監督者として、時間外割増賃金の支給対象外**としているケースでは、さらに高めの手当設定がなされています。

　平均支給額と自社の役職手当の金額と比較する際は、この点について、ご注意ください。

【見直しの方向性】

　役職手当は「1.職責の大きさに対応する部分」と「2.時間外割増賃金見合い部分」の2つの要素から構成されています。役職手当を設計する際は、それぞれについて検討することが求められます。

1．職責の大きさに対応する部分

　御社では、なぜ役職手当を支給するのでしょうか。

　一般社員であれば、自らの担当業務さえしっかり行なっていればよい（＝個人の責任だけをまっとうすればよい）のに対し、役職者になると（特に中小企業の場合はプレイングマネージャーがほとんどですから）、**個人の仕事を行なったうえで、組織の責任も加わる**ことになります。

　たとえば、ある優秀な営業パーソンがいたとします。

　従来は自分のノルマだけをしっかり達成しておけばよかったものが、ある日、営業課長に昇進し、5人の部下をもつことになりました。

　今後は個人の仕事に加え、営業課全体の業績確保のために、部下の営業フォローも行なわなければなりません。

　部下のもとにクレームがくれば上司として謝罪に出向き、信頼回復に努めるとともに、日常的には部下の労務管理や教育も必要になります。さらには課長として他部門との調整なども行なわなければなりません。

　このように考えると、役職者の仕事はなかなか大変であり、責任も大きくなります。

　こうした**仕事の負荷の増加を評価し、賃金に反映させるのが役職手当の基本的機能**となります。

この点について、具体的な支給額の検討を行なおうとすると、「その役職の職責の大きさをいくらの価値として見るのか」という問題が出てきます。これを**職務価値評価**といいます。

　従来は、課長や部長といった役職それぞれについて、一律の役職手当を支給するケースがほとんどでしたが、**最近は「同じ課長であっても職責が異なるので、支給金額を変える」**というケースが増え始めています。

　皆さんは、以下の状況をどのように考えるでしょうか。

質問
　全国に営業所をもつ卸売業Ａの各営業所の社員数と売上は以下のとおりとなっています。この３つの営業所の所長の役職手当の金額は一律であるべきでしょうか？　営業所の規模等によって変えるべきでしょうか？

営業所	社員数	売　上
大　阪	20名	15億円
名古屋	10名	6億円
松　山	5名	2億5,000万円

　これは非常によくある話でしょう。
　「やはり規模が何倍も違うのであれば、職責にも相当の差があるので、役職手当の金額は変えたほうがよい」と考えた人も多いのではないかと思います。
　このように、同じ役職であっても、役職手当に差を設ける場合のポイントについて見ていくことにします。

(1) 職務価値の測定法

　職務価値の高さや職責の大きさを社員数と売上だけで測ることはいささか乱暴です。

　たとえば、「松山営業所は出店から数年しか経過していないため、新規営業の負担が非常に大きいが、大阪ではもう何十年も商売をしているので、安定した地盤ができている」という背景が影響しているかもしれません。

　また、「名古屋は閉鎖的な地域性に加え、業界最大手のライバルの本社があり、その会社が圧倒的なシェアを占めている」という事情もあったりするわけです。

　このように考えると、**職務価値を測定する場合には、多面的に評価を行なうこと**が求められます。

　職務価値を評価する際には、いくつかの指標がありますが、大きくは、量に関する項目と質に関する項目の2つに分けることができます。

---

　a．量に関する事項
　　社員数、売上高、目標利益、顧客数、営業エリアの広さなど

　b．質に関する事項
　　市場環境、競合状況、新規性、自社の戦略における重要性、求められる能力の高さなど

　職務価値評価には様々な方法があり、一般的にはこれらの指標について、それぞれ点数をつけて、職務価値を評価するといったことが行なわれます。

職務価値評価マトリックス

仕事の量 →

	±0	+1	+2
±0	R5	R4	R3
±1	R4	R3	R2
±2	R3	R2	R1

↓
仕事の質

　ただ、**中小企業の場合は、社長をはじめとした経営陣が、会社全体の状況を把握していることから、マトリックスを作成し、相対的に職務価値を評価する方法を採ることが有効**でしょう（上図参照）。

　なお、ここでは営業所長の職務価値の差ということで話を進めてきましたが、実際にこのような議論をするときは、社内におけるすべての役職を対象にこの作業を行なうのが一般的です。

（2）配置転換の制約

　役職手当全般にいえることですが、役職に値段をつけるということは、**配置転換を行ない、その職責が変わる場合には、役職手当の支給額も変更になります。**

　配置転換の際、常に同等もしくは上位の役職に異動するのであればよいのかもしれませんが、現実的にはそうでないケースもあるでしょう。そのような場合は、会社命令で異動したうえに、役職手当までが減額されることになります。

　こうしたことから、役職手当を厳密に設定すればするほど、柔軟な配置転換が難しくなるということも考えておかなければなりません。
　そこで、**配置転換を実施した際の「調整措置」なども議論しておく**とよいでしょう。

　なお、この点についての懸念が大きい場合は、**毎月の賃金では大くくりの金額にしておき、賞与の際、職責と成果を総合評価してメリハリをつける**（役職ごとに一律設定など）対応も検討に値するでしょう。

（3）制度運用の煩雑さ

　職務価値は毎年の事業計画によって影響を受けます。
　そのため、厳密に実施しようとすると、**毎年の事業計画が決定した時点で、その役割の大きさを測定し直し、ランクを決める**ことが必要となります。

　また、中小企業の場合は、社員の能力にバラつきがあるため、「前の営業所長は能力が高かったので、非常にチャレンジングな事業計画を策定し、業績も上がっていたが、いまの営業所長は能力的に少し見

劣りすることから、営業所としての展開も少し縮小することになる」といったように、結局は**人によっても見直しが求められる場合があります。**

◇

以上、役職手当を検討する際の複数のポイントについて見てきましたが、**近年は、役職者について職務価値評価を実施し、その役割の大きさに基づいて手当を設定したり、場合によっては基本給自体を決定する（役割給）という事例も増えています。**

手当の一律設定と比較すると様々な点でメリット・デメリットがあるので、「何が公正かつ社員のやる気につながるのか」という点を議論することをお勧めします。

2．時間外割増賃金見合い部分

　次に、役職手当がもつもう1つの機能である、時間外割増賃金の見合い部分について考えてみましょう。

　多くの企業では課長以上の役職者について、「管理監督者」として時間外割増賃金の支給を行なっていないことが多いようです。

　「管理監督者」の線引きは企業が任意で決めることができるのではなく、通達で要件が定められています。

　詳細については第3章でも取り上げましたが、その要件の1つに、**「管理監督者の地位にふさわしい待遇がなされている」**というものがあります。

　現実的にはよく聞く話ではありますが、「課長（管理監督者）に昇進したが役職手当は3万円しか増えず、従来支給されていた約8万円の時間外割増賃金が支給されなくなったので困った」というような状態では問題となります。

　残業が多い会社と少ない会社でも状況は異なりますが、管理監督者の手当を設定する際は、**ある程度の説明ができるレベルの時間外割増賃金相当額を見込んだうえで、役職手当の設定を行なうことが重要**です。

（3）公的資格手当

【現状】

　公的資格手当とは、**業務に必要な公的資格や会社が推奨する資格等を保有する社員に支給される手当**のことをいいます。

　労務行政研究所の「公的・民間資格取得援助に関する実態調査（2011年）」によれば、義務・推奨資格の場合で32.0％、自己啓発資格で15.5％の企業で手当が支給されています。

　同調査のなかから、いくつかの主要資格について、その支給水準（義務・推奨資格で業務に従事する場合のみ支給する際の水準）を見てみましょう。

１級建築士	12,800円
２級建築士	5,800円
建築施工管理技士１級	6,100円
建築施工管理技士２級	1,500円
防火管理者	1,800円
危険物取扱者　甲種	2,200円
危険物取扱者　乙種	1,600円
公害防止管理者	2,100円
宅地建物取引士	4,500円
衛生管理者１種	2,300円
衛生管理者２種	2,000円
薬剤師	44,800円

【見直しの方向性】

公的資格手当については、以下のような支給目的が考えられます。

---

1. その資格がなければできない仕事がある、もしくは資格者を必ず現場に配置しなければならないため、資格保有者を確保したい
2. 社員の能力向上や会社のアピールなどのために資格取得を促進したい
3. 資格保有者の労働市場における需給バランスから、手当を支給することで適切な賃金水準を設定したい
4. 事故などが発生した際、その資格保有者に一定の責任やペナルティがある
5. 業界の慣習により、公的資格手当を支給することが当たり前になっている

まず、「どのような目的で支給するのか」を明確にすることが必要ですが、見直す際のポイントを挙げると以下のようになります。

・手当支給の対象を絞り込む

毎月支給の場合、累計では結構な額になることがあるため、**業務遂行に必須の資格に手当の対象を絞り込む**とよいでしょう。

さらに、単なる保有ではなく、**実際に資格を業務に使用する者に対象を限定**することが一般的です。

・別途、資格取得支援策を用意する

資格取得の意欲の低下を避けるため、取得推奨資格をリストアップのうえ、以下のような取得支援策を用意するとよいでしょう。

---

a. 合格祝金制度
b. 受験費用や講習費用等の会社負担（いい加減な気持ちでの受験を防止するため、通常、回数制限を設ける）
c. 受験日の特別休暇
d. 難関資格は試験直前に試験勉強のための特別休暇を付与（＊無給も可）
e. 社内での勉強会の開催

（4）住宅手当

【現状】

東京都の調査によれば、住宅手当を支給する企業は43.5％となっており、諸手当のなかでも支給率の高いものの１つになっています。

その支給方法は、**支給企業の64.3％で住宅の形態に関わりなく、一律支給**がされており、その平均支給額は世帯主（扶養家族あり）で17,912円、単身者世帯主で14,680円となっています。

その他、住宅の形態別で支給されている場合の平均額は、下表のようになっています。

	民営借家	公営借家	持家
世帯主（扶養家族あり）	23,895円	19,916円	17,842円
単身者世帯主	17,653円	16,413円	13,441円

【見直しの方向性】

賃金制度の実務において、住宅手当は設定が難しい手当の１つに数えられます。というのも、以下のように住宅の態様が様々なため、**公平な基準をつくりづらい**からです。

- 就職する際、地方から出てきて賃貸住宅に住んでいる
- 就職する前から現在の賃貸住宅に住んでいる
- 実家から通勤することはできるが、１人暮らしがしたくて自ら賃貸住宅に住んでいる
- 会社の命令により転勤し、転勤先で賃貸住宅に住んでいる
- 持ち家に住んでいるが、多額の住宅ローンを抱えている
- 両親が購入してくれた持ち家に住んでいる　など

そこでよく行なわれるのが住宅手当を次の２つに分類することです。

a．福利厚生的住宅手当
　賃貸住宅に居住していたら、その理由を問わず手当を支給する　など

b．職務手当的住宅手当
　社命による転勤や遠隔地からの採用など、会社の配置転換や採用を促進
するために借上げ住宅を用意したり、住宅手当を支給する　など

　最近は、「ａ．福利厚生的住宅手当」が徐々に縮小しています。

　すべての社員は何らかの形で住宅を用意し、居住していますが、現代では「持ち家に住むのか、賃貸住宅に住むのか」といった住宅の選択は個人の価値観によるため、「賃貸住宅に住んでいたら家賃補助として住宅手当を支給しよう」という考え方自体が時代に合わなくなってきました。

　少し議論が乱暴かもしれませんが、すべての社員は何らかの形で費用負担をし、住宅を用意していることからすれば、**合理的な支給ルールをつくるのが難しい住宅手当は廃止し、社員全体の基本給の引き上げを行なう**といった方針も検討に値するでしょう。

　これに対して、「ｂ．職務手当的住宅手当」は拡充の方向となっています。
　地方に営業拠点を出すなどした場合、そこに転勤させる社員の住宅は必然的に会社が面倒をみることになります。
　また、近年は求人難の時代になっていることから、遠方から社員を採用するケースも増えています。
　そんな場合には、**住宅関連の支援の有無が大きな採用力の差となって**きます。

100

たとえば、新卒社員を遠隔地から採用するような場合には、期間を限定し、住宅の支援を行なうことがよくあります。

「30歳までは上限金額を設定したうえで、家賃の半額を住宅手当として支給する」といった対応を行ない、採用力を高めるのです。

最近は、**近隣住宅手当**という考え方も出てきています。

過重労働問題では、労働時間だけでなく、通勤時間の長さが課題となることがあります。特に、関東圏では1時間半を超えるような通勤が普通に見られます。

となると、通勤時間だけで1日3時間超（それも満員電車内で過ごす）となり、その疲労はかなりのものになります。

また、通勤時間が長いと、結果的に睡眠時間が削られることになり、脳・心臓疾患などの健康障害の原因にもなります。

そのため、ここ数年、**会社のそばに居住することを奨励する**企業が増加しています。

具体的には、「会社から3km以内」であるとか、「○駅以内に居住する場合には近隣住宅手当を支給する」といったことが行なわれているのです。

健康経営やワーク・ライフ・バランスが重要となる現在においては、こうした発想も面白いのではないでしょうか。

（5）通勤手当

【現状】

通勤手当は、ほぼすべての企業で採用されており、公共交通機関利用者の場合は通勤定期代相当額、マイカー通勤者の場合はガソリン代実費相当額を支給するというのが一般的です。

【見直しの方向性】

通勤手当も近年、見直しを行なう企業が増えています。

Ａ．公共交通機関利用者

この場合の通勤手当設定のポイントは以下のとおりです。

１．定期券の期間

通常、定期券には１か月、３か月、６か月の３つの期間があり、期間が長いほうが割引率が高くなっています。

現実の企業がこれをどのように定めているかといえば、下表にあるように約６割の企業で、最も金額が安い６か月定期代相当額の支給が行なわれています。

通勤手当の支給期間（複数回答）

期間区分	回答
１か月分ずつ	30.8%
３か月分ずつ	11.3%
６か月分ずつ	63.6%
その他	1.0%

出典　労務行政研究所「諸手当の支給に関する実態調査（2013年）」

かつては6か月定期の場合、紛失リスクがありましたが、ＩＣ定期券の導入により、紛失時の再発行が簡単にできるようになったことも、6か月定期代の支給が増加した要因に挙げることができます。

2．上限金額の設定

通勤手当は必ずしも通勤にかかる実費の全額を支給しなければならないというものではありません。コスト管理を考えるのであれば、**通勤手当に上限額を設定しておくことも有効です。**

また、上限額を非課税限度額の範囲内としている例もよく見ますが、非課税限度額は徐々に引き上げられ、**2016年以降は月額15万円までが非課税**となっています。

コスト抑制策としてはほぼ機能しない水準となっているので、そのような場合には上限額の見直しを行なっておくとよいでしょう。

Ｂ．マイカー通勤者

地方ではマイカー通勤が一般的ですが、**近年はガソリン価格の変動が大きいこともあり、基準の見直しが積極的に行なわれています。**

計算式に基づく定期的な単価の見直し

かつてマイカー通勤における通勤手当といえば、「通勤距離1km当りいくら」と定額で決められていることが多かったのですが、最近は以下のような計算式を賃金規程で明示し、毎年1回など、定期的に支給額を見直すケースが増えています。

$$\text{通勤手当} = \underset{(ア)}{\text{往復通勤実測距離}} \times \underset{(イ)}{\text{月平均所定労働日数}} \times \underset{(ウ)}{\text{ガソリン単価}} \div \underset{(エ)}{\text{基準燃費}}$$

ア．往復通勤実測距離

　通勤距離は、かつては実測距離を測るのが煩雑^{はんざつ}であったため、勤務先からの直線距離で計算することが多かったのですが、最近はGoogleマップなどの情報サービスの登場により、**実測距離で計算する**ことが一般的です。入社の際など、通勤経路を申告させる際には、Googleマップの打ち出しなどを添付させるとよいでしょう。

　原則としては**最も短い距離の経路を選択する**ことになります。

イ．月平均所定労働日数

　毎月の所定労働日数は変動すると思いますが、それに合わせて通勤手当を変動させるのは煩雑なので、**年間所定労働日数÷12か月で月の平均所定労働日数を計算し、適用する**とよいでしょう。

ウ．ガソリン単価

　以下のいずれかの単価を適用し、手当を計算するとよいでしょう。

Ⅰ　会社の契約スタンドでのレギュラーガソリン単価
Ⅱ　石油情報センター調査のレギュラーガソリン単価（※）
※毎週、各都道府県別に最新のガソリン単価を調査し、ホームページで公表している

エ．基準燃費

　国土交通省では定期的にガソリン自動車の燃費の調査を行ない、ホームページで公表しています。

　近年は燃費が大幅に改善しており、ガソリン車平均では23.8km/L（2016年度　10・15モード燃費平均値）となっています。さすがにこの値を使用すると通勤手当が大幅に減少するため、現実的には企業が個別に設定していますが、実態を見ると**リッター10km程度で定めている例が多い**と思われます。

●会社のこだわりをしっかり伝えるときのポイント

　ここまで主要な手当について解説しましたが、諸手当の整備で最も重要なことは、①**自社にとって必要な手当をゼロベースで考えること、**②**その理由（こだわりポイント）を明確に社員に示すことです。**

　たとえば、家族手当を例に従来型の規定と、こだわりを伝えるような規定を比較してみます。

【従来型の規定】

　家族手当は、所得税法上の扶養の範囲にある以下の家族を有する社員に月額で支給する。
　　①配偶者　10,000円　　②子ども　5,000円（高校卒業まで）

【会社のこだわりを伝えるような規定】

　当社は、よい仕事を行なうためには生活の安心がなければならないと考えています。いまの時代、家族をもつ社員にとって、大きな不安材料は子どもの教育ではないでしょうか。大学への進学率が5割、専門学校等も加えれば7割超の子どもが、高校卒業後に進学の道を選ぶ時代となっています。
　そこで当社は、社員の皆さんが、子どもたちを安心して大学や専門学校に進学させることができる環境をつくるべく、以下の家族手当を支給します。
　もちろん、これで進学費用のすべてを賄うことはできないかもしれませんが、少しでも皆さんの家庭の安心につながることを期待しています。
　　①配偶者　　　5,000円　　②子ども　　　5,000円
※学校教育法に定める大学および専修学校に通学する子どもについては、満22歳到達後の3月分まで、対象者1人当り月額20,000円の子女教育加算を行ないます。
2．前項手当は、いずれも所得税法上の扶養の範囲にある家族が対象です。

　賃金制度は、ただのお金を払うためのルールではありません。社員が安心して仕事に集中することができる環境を構築するための仕組みとして考えることが大きなポイントとなります。

105

▶意外な落とし穴、残業代の適正な支給方法を確認しておこう

　諸手当の説明の最後に、法的に押さえておきたいポイントについて
少しだけ触れることとします。それが時間外割増賃金、いわゆる残業
代の問題です。

　現実に企業の賃金制度の見直しを行なう際、**時間外割増賃金が適正
に計算されておらず、想定外の問題を抱えることがあります。**以下で
はいくつかのポイントについてお伝えします。

【ポイント1】時間外割増賃金の計算方法は正しいか

　労働基準法では、1日8時間、1週40時間を法定労働時間と定めて
おり、原則としてこの時間を超過して労働した場合には、時間外割増
賃金の支給が必要となります。

　その計算式は法律により以下のように定められています。

---

①時間外割増対象賃金÷②月平均所定労働時間×③対象時間数×④割増率

---

　①時間外割増対象賃金は、定期的に決まって支払われるすべての賃
金のうちから、**以下の手当等を除外したもの**になります。

---

1. 家族手当
2. 通勤手当
3. 別居手当
4. 子女教育手当
5. 住宅手当
6. 臨時に支払われた賃金
7. 1か月を超える期間ごとに支払われる賃金

ここで**特に注意したいのが住宅手当**の取扱いです。

時間外割増賃金の計算から除外される住宅手当は、居住に必要な住宅の賃借や購入、管理等のために必要な費用に応じて算定される手当でなければならないとされています。

したがって、以下のように実質的な内容に基づき、その取扱いが変わってきます。

○　**除外される住宅手当に当たる例**

⑴　賃貸住宅居住者については家賃の一定割合、持家居住者についてはローン月額の一定割合を支給するもの

⑵　家賃月額により区分を設け、手当を支給するもの

　（例）家賃月額5万～10万円のときは2万円、10万円超のときは3万円など

×　**除外される住宅手当に当たらない例**

⑴　賃貸住宅居住者には一律で手当を支給するもの

⑵　世帯主については住宅の態様に関係なく、一律に手当を支給するもの

⑶　全員に一律に手当を支給するもの

現実の企業の事例を見ると、世帯主に対して一律20,000円の住宅手当を支給するといったルールが設けられていることがよくありますが、そのような住宅手当は実際の費用に応じて算定されていないことから、時間外割増賃金の基礎賃金に算入する必要があります。

賃金制度改定のタイミングにおいては、たとえば、「配偶者に対する家族手当を廃止し、基本給に組み入れる」など、除外賃金を廃止し、基本給など別の賃金項目で支給するような場合、時間外割増賃金の単価が上昇することにもなります。注意しておきたいところです。

次に②月平均所定労働時間ですが、これは**「年間所定労働時間÷12か月」**で計算することになります。

たとえば1日8時間、年間所定労働日数が252日の企業であれば、8時間×252時間÷12か月＝168時間となります。

　年間の勤務カレンダーが見直され、年間所定労働時間が変更になっているにも関わらず、昔から同じ時間数で計算されている例がよくあるので注意してください。

　③対象時間数については、あまりに論点が多いことから、その詳細は他の労働時間管理の書籍等を参考にしていただければと思いますが、近年は労働時間の把握や端数時間の取扱いなどで問題が指摘されることが多くなっています。

　最後の④割増率については以下のように定められています。

種類	条件	割増率
時間外	法定労働時間（1日8時間・週40時間）を超えたとき	25%
	時間外労働が限度時間（1か月45時間、1年360時間等）を超えたとき	25%以上[1]
	時間外労働が1か月60時間を超えたとき	50%[2] ❗
法定休日	法定休日（週1日）に勤務させたとき	35%
深夜	午後10時から午前5時までの間に勤務させたとき	25%

※1　努力義務
※2　中小企業については猶予されているが、今後、その猶予措置は撤廃される見込み

【ポイント2】管理監督者の範囲は適正か

　世間では、「課長以上は管理職なので残業代は不要」といったことがいわれますが、これは正確ではありません。

　労働基準法41条2号に該当する監督もしくは管理の地位にある者であれば、労働基準法における労働時間、休憩、休日の規定の適用を受けません（適用除外）。

その結果、深夜割増を除く、時間外割増賃金の支払いは不要ということになるのですが、そもそも御社の管理職が、法律が想定する「管理監督者」に該当しているのかという問題が存在します。

これが役職手当の項でも軽く触れた、いわゆる名ばかり管理職問題です。

ここでいう管理監督者とは、「労働条件の決定その他の労務管理について経営者と一体的な立場にある者」とされており、**部長や課長といった肩書きではなく、実態により判断**されます。

たとえば、「地位に応じた相応の賃金が支払われている」といった待遇面とともに、「部下の採用、給与の決定など人事管理の権限をもつ」「出退勤時間が本人の裁量に任されている」といった要件を満たす必要があります。

しかし、実際にはこうした要件を満たしていない管理職も多く、**近年はそうした「名ばかり管理職」からの残業代請求などのトラブルが頻発**しています。

賃金制度見直しは、こうした問題を議論する最高のタイミングですので、管理職の責任と権限、そして処遇について改めて検討されてはいかがでしょうか。

【ポイント3】営業職の残業代の取扱いは適正か

営業職といえば、一般的には残業代が支給されていない企業が多いのではないかと思います。

「営業は成果で評価するのが当然。残業代なんて関係ない」という声が聞こえてきそうですが、本当はこの考え方は間違っています。

109

今後、営業職からの残業代請求が増加すると予想されていることから、少し考え方を整理してみましょう。

　一般的に営業職に時間外割増賃金がないといわれる根拠を法律に求めると、**事業場外みなし労働時間制**に行き当たります。

　これは事業場、つまりオフィスの外で働いている場合は、合理的に労働時間の算定ができないことから、通常、所定労働時間を勤務したものとみなすという制度です。

　営業職は、外回りをしており、「事業場外」で勤務していることから、この制度を適用し、所定労働時間を勤務したとみなす。つまり残業はしていない、よって残業代もないという構成になっているのです。

　しかし、この制度の適用にはいくつかの問題点が指摘されています。

　まずは、営業職が事業場内で勤務している時間についてどのように取り扱うのかという問題です。

　近年、ネットの普及や営業スタイルの変化により、**内勤中心の営業職が増えています。**

　たとえば、住宅販売や自動車ディーラーなどの典型的な営業職であっても、最近は来店型の営業が増えています。

　さらにいえば、ネット通販での営業担当などは完全に内勤職です。このような場合には、そもそも「事業場外」みなし労働制は適用できません。

　また、最近はＩＴ化の進展等により、**外回り型の営業であっても、場合によっては労働時間が合理的に算定できるのではないか**という指摘がされることが増えています。

　たとえば、御社の営業職では、以下のようなことはありませんか？

110

- ☐ 訪問先の予定はすべてグループウェアのカレンダーに登録させている
- ☐ 出発前には朝礼などで当日の予定を発表させ、上司から具体的な指示を行なっている
- ☐ 外出時には携帯電話やスマホを持たせ、随時指示などを行なっている
- ☐ スマホなどのGPS機能を利用し、営業職の行動管理を行なっている
- ☐ 帰社後は営業日報などを提出させ、1日の活動について把握するとともに指示を行なっている

このなかのどれかが当てはまれば、ただちに事業場外みなし労働時間制が適用できないということではありません。ただ、こうした要素が強ければ強いほど、事業場外の勤務であっても労働時間は実質的に把握でき、結果として、その労働時間に基づいた時間外割増賃金の支払いが求められる可能性が高まります。

営業職の賃金制度は、時間外割増賃金の支給がない前提で構築されていることが少なくありません。たとえば営業手当は営業という仕事の負荷に対して支給されているのではなく、時間外割増賃金の見合い分として扱われていることのほうが多いでしょう。

営業職にのみ歩合給が支給されているのも、「営業職は時間ではなく、成果で評価し、処遇すべき」という考え方に基づいています。

今後もし営業職に時間外割増賃金を支給するのであれば、賃金の仕組みやその前提となる人事評価制度の見直しも必要です。そもそも長時間労働を是とする働き方も見直しが求められます。

歩合給も時間外割増賃金の計算が必要です。この場合、**歩合給÷当該月の総労働時間×対象時間×割増率**（通常は0.25）という特殊な計算式になりますが、こちらも多くの企業で支給されていないので要注意です。

ステップ❺

賃金制度　(3)基本給制度

▶基本給制度には一定の「型」がある

　賃金制度には、職能給や職務給、役割給など様々な制度がありますが、賃金制度の幹となる「基本給の設計」という点でいえば、これらに共通する「型」のようなものが存在します。まずはここから理解しましょう。

　基本給は、社員の会社に対する基本的な貢献度の高さに報いるものです。これを図にすると下図のようになります。

範囲給制度

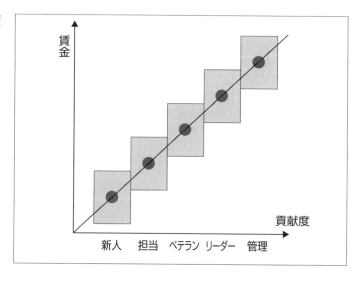

図は、**貢献度が上がっていけば、それに比例して賃金も上昇する**ことを表わしていますが、この図には書き順があり、それを理解すると基本給の本質も理解できます。以下、その書き順を見ていきましょう。

基本給は、社員の会社に対する基本的な貢献度の高さに報いるものですから、**まずは横軸に「貢献度」、縦軸に「賃金」を**取り、貢献度と賃金の関係を示した図であることを明らかにします。

次に、**右肩上がり45度の正比例のラインを引きます。**

貢献度が高まると、それに比例して賃金も高まるという関係。つまり、この正比例のラインの上で賃金が決まることが、理論上、貢献度に見合った賃金が支給されている状態ということになります。

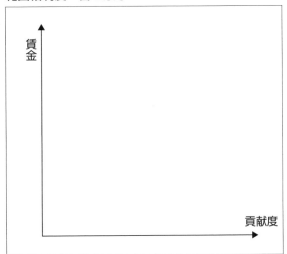

範囲給制度　書き順①

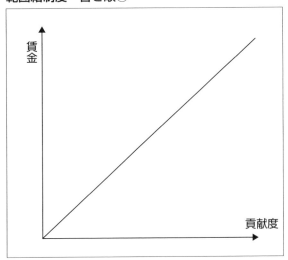

範囲給制度　書き順②

第3章　貢献度に見合った賃金を支給する仕組みをつくる

しかし、この状態では、社員が100人いれば100通りの、1,000人いれば1,000通りの賃金を個別に決定するということになってしまい、制度とはなりません。

ここで登場するのが第2章で取り上げた**資格等級**です。

そもそも資格等級

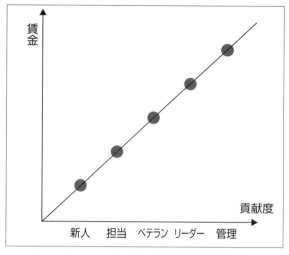

は、社員を貢献度という視点で大くくりにまとめたものです。**この資格等級を、横軸の貢献度の高さに合わせて、正比例のラインの上に配置していきます。**

ここから賃金制度の具体的な設計に入りますが、貢献度反映型の賃金制度で最もシンプルな仕組みが「範囲給制度　書き順④」の形です。

これは、たとえば、「新人」等級であれば基本給を全員一律20万円とします。

通常であれば、1

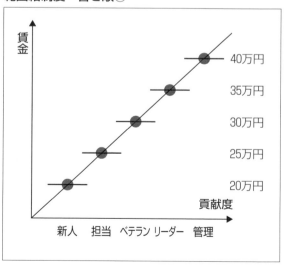

114

年経過すると人事評価等に基づき、何千円か定期昇給が行なわれますが、この制度では**定期昇給は行なわず**、**貢献度が向上し、「担当」等級に昇格した際に、一気に25万円まで昇給する**というものです。

このように定期昇給がなく、昇格昇給のみを行なう給与体系を**単一給（シングルレート）**といいます。

シングルレートは非常にシンプルかつメリハリのある処遇ができますが、まだ定期昇給が当たり前のわが国では、広くこの制度を導入するのは難しいでしょう。特に若手は毎年、新たな仕事を覚え、自らの成長を実感するので、昇格までの数年間、定期昇給なしでは将来に不安を覚え、退職を意識するということにもなりかねません。

もしシングルレートの基本給制度を導入するのであれば、**現状では管理職など上位職に限定するのがよい**と思われます。

シングルレートのデメリットを克服し、一定の定期昇給を制度に盛り込もうとすると、それぞれの等級の中心点から金額を上下展開し、基本給の枠をつくることになります。

新人であれば高卒初任給の17万円から23万円までというように、資格等級ごとに**基本給の上限金額と下限金額（範囲）を設定していきます**。この給与体系を**範囲給（レンジレート）**といいます。

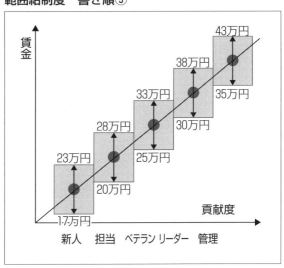

範囲給制度　書き順⑤

範囲給においては、毎年、定期昇給が行なわれますが、基本給がその資格等級の上限金額に到達すると定期昇給は停止します。
　しかし、昇格すると基本給の上限金額が引き上がり、再び、昇格後の資格等級の上限金額まで定期昇給が行なわれることになります。
　いつか昇格できないところまで来た際には、その資格等級の上限金額で基本給の昇給は止まることになります。
　たとえば、「ベテラン」等級で滞留し、「リーダー」等級に昇格できなかった場合には基本給は33万円で止まることになります。

　一方、短い年数で昇格を繰り返すような非常に優秀な社員にとっては、大きなメリットがある制度となります。
　たとえば、現在、基本給27万円の「ベテラン」等級の社員が「リーダー」等級に昇格するとします。
　その場合、「リーダー」等級の基本給下限金額は30万円なので、30万円まで特別昇給を行なうことになります。
　このような社員は会社にとって最も有望な若手優秀層ですから、**離職防止を図る意味からも、年齢に関係なく、貢献の高さに見合った給与を支給しておくことが重要**です。

昇格時の特別昇給

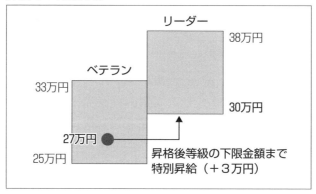

次に「範囲給制度　書き順⑥」をご覧ください。

ここでは各資格等級の基本給上限額と下限額を線で結んでいます。

この図を少し目から遠く離して見てください。

先ほど、「範囲給制度　書き順②」のところで、

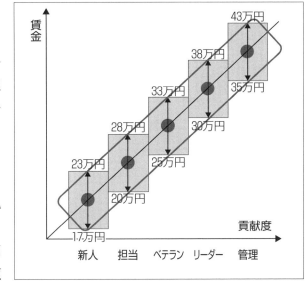

右肩上がり45度の正比例のラインの上で賃金が決まることが、理論上、貢献度に見合った賃金が支給されている状態であるとお伝えしました。

範囲給の場合、定期昇給の枠を確保するために基本給を上下展開したことから少し太めの線になってしまいましたが、いま囲った線は間違いなく、当初の**正比例ラインに沿っており**、**貢献度が高まれば、給与も高まるという仕組み**になっていることがわかります。

一定の定期昇給を行ないながらも、資格等級毎の上限金額・下限金額の範囲で基本給を決定することで、貢献度に見合った賃金を支給する仕組み、これが範囲給制度なのです。

範囲給制度は、あらゆる基本給制度の「型」になっています。賃金制度には、職能給や職務給、役割給など様々な制度がありますが、そ

れらは図の横軸である「**貢献度**」**の定義が異なるだけで、基本給の設計は同じ**なのです。

　自社における貢献度の違いは能力（職務遂行能力）の高さであると定義すれば、横軸の貢献度は「能力の高さ」となり、制度としては**職能給**になります。
　そうではなく、役割の大きさこそが貢献度の差であると定義すれば、この制度は**役割給**になるのです。

　細かいことをいえば、職能給は「人間の能力は下がらない」という前提に立つことが多いのに対し、**役割給は「その時々の役割の価値は変動する」**と考えるので、**賃金制度の運用面でいえば差が出ることはあるでしょう。**

　しかし、貢献度の高さによって、基本給の高さ（上限と下限）を定めるという点でいえば、あらゆる賃金制度は同じ「型」を共有しているのです。

▶基本給の高さを決定する際に意識しておきたいポイント

　ここでよく質問を受けるのが、資格等級別の基本給の高さ（上限と下限）を決めるときのポイントです。

　基本的な考え方としては、「その資格等級で期待される貢献度に見合った賃金水準を設定すればよい」わけですが、それでは実際に処遇を考える際は困ってしまうかもしれません。

　そんなときは以下のポイントを意識して、社内での議論を進めてみるとよいでしょう。

ポイント①
基本給全体の最低金額と最高金額はほぼ自動的に決まる

　まずは、**基本給全体の最低金額と最高金額を決め、大きな枠をつくりましょう**。これができれば、あとは資格等級ごとに、途中で「切れ目」を入れるだけです。

　この最低金額と最高金額は、じつはほぼ自動的に決まります。

　まず最低金額は、通常、高卒の初任給になります。

　なかには中途採用の場合で、高卒初任給よりも低い初任賃金を設定する場合もありますが、通常、会社で最も給料が安いのは高卒の新入社員ですから、いちばん下位の資格等級の基本給下限額は高卒の初任給ということになります。

　最近の高卒初任給は地域や職種にもよりますが、165,000円くらいなので、この金額が最下位の資格等級の基本給下限金額になります。

逆に、いちばん上位の資格等級の基本給上限額は、役員報酬との関係で決定します。

　たとえば、いわゆる「ヒラ取」の役員報酬の最低額が年間1,000万円とします。であるとすれば、**部長クラスなど、社員の年収の上限は役員報酬金額と逆転しない範囲で、自ずと決まってきます。**

　仮にその金額を900万円だとしましょう。この会社の賞与の平均支給月数が固定給の4か月であるとすると、月額賃金の上限は900万円÷16か月＝562,500円となります。ここから諸手当分を控除したものが、基本給の上限金額の目安となります。
　部長の役職手当が月額10万円で、その他の手当はないとすれば、562,500円－100,000円＝462,500円が最上位の資格等級の基本給上限金額の目安となります。

ポイント②
管理職の基本給水準を決定する

　この時点で社員の基本給の最低金額と最高金額が決まりました。前述の例でいえば、すべての社員の基本給は、165,000円から462,500円の範囲で決まることになります。
　次はこの範囲に資格等級ごとの「切れ目」を入れていきます。

　その際、**最初に検討するのが管理職の基本給下限金額**です。
　この検討には、①地域における賃金水準などの外的要素と②非管理職とのバランスという内的要素の2つが求められます。

　まず**外的要素**ですが、こちらについては最近、様々な機関から役職

別の賃金水準に関する資料が公表されており、参考にすることができます。

たとえば、厚生労働省の調査によれば、企業全体の常用労働者が100人以上の企業の役職者の賃金の平均は以下のようになっています。

部長級	（男性）662,800円	（女性）647,500円
課長級	（男性）529,900円	（女性）460,700円
係長級	（男性）400,800円	（女性）353,600円

出所　厚生労働省「平成27年賃金構造基本統計調査」

こうした統計データを意識しながら、妥当な賃金水準を検討することになります。感覚的にはこの調査は、中小企業を前提とすると少し高いように感じます。実際に統計資料を活用する際は、**地域性や企業規模なども勘案**し、適切な資料を探すことも必要になります。

筆者の地元である愛知県では、愛知県経営者協会が同様の調査を行なっており、その結果は以下のようになっています。

部長相当職	544,514円
課長相当職	442,453円

出所　愛知県経営者協会「平成27年度　愛知のモデル賃金等調査結果」

そして、もう1つの要素が、非管理職とのバランスという**内的要素**です。

仮に係長までが残業代が支給される一般社員で、課長からが管理職（管理監督者）だとします。

「管理職に昇進した際、従来支給されていた残業代が不支給になり、給与が減ってしまった」ということはできる限り、避けたいものです。

これは社員の納得感という点だけではなく、**管理監督者には、それにふさわしい処遇が求められる**というコンプライアンス上の問題もあります。
　管理職の基本給下限金額を設定する際にはこうした点を意識し、役職手当と一体での議論を進めてください。

ポイント③
前後の資格等級の基本給レンジの重なりに注意する

　貢献度に見合った賃金の支給を前提に考えた場合、**下位資格等級の基本給レンジ（上限と下限金額）と上位資格等級の基本給レンジの重なり具合に注意**する必要があります。

　たとえば、下図のように前後の資格等級の基本給レンジのほとんどが重なっている場合、社員にどのような印象を与えるでしょうか。「頑張っても特に賃金は増えない」というところでしょう。

メリハリのない基本給レンジの設定

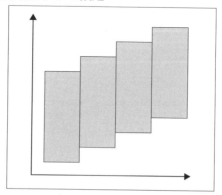

「メリハリをつければよい」という話ではありませんが、頑張っても頑張らなくても変わらないような状態は、社員の前向きな気持ちをそいでしまいます。**社員の頑張りや貢献に見合った処遇を行なうことができるような基本給の設定**が必要です。

基本給レンジの設計には、①**重複型**、②**接続型**、③**開差型**の３パターンがあります。

基本給レンジの設計パターン

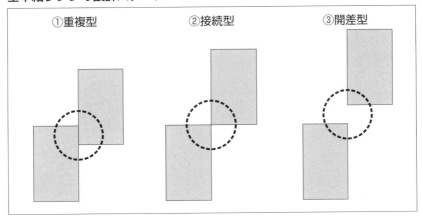

このうち、①重複型は貢献度が上位の資格等級の基本給を、下位の基本給が上回ることがあるので、**理屈でいえば、②接続型の設計が基本になります。しかし、②接続型の設計は意外と難しいのです。**

ポイント①では、すべての社員の基本給の最低金額が165,000円、最高金額が462,500円という例を取り上げました。この最高金額と最低金額の差額は約30万円になります。

これを前提に、仮に資格等級が６つあったとして、基本給を接続型で設計しようとすると、各資格等級の基本給の幅は５万円しか取れな

いことになります。これでは少し滞留年数が長くなると、すぐ基本給がその等級の上限金額に到達し、昇給が停止してしまいます。

したがって、②接続型を基本としながらも、実務上は①重複型で設計することが一般的です。ただ、その場合でも、さすがに2つ下の資格等級との逆転はないようにしておくとよいでしょう。

一方、非管理職と管理職の間では③開差型での設計を行なうことがあります。

ポイント④
最後にモデル賃金を作成し、検証を行なう

モデル賃金とは、新卒で入社し、順調に昇進・昇格を行なった場合の賃金の推移のことをいいます。

たとえば、高校新卒で入社した際には「新人」等級からスタートし、標準的には3年間滞留後、「担当者」等級に昇格、そこでは5年滞留して「ベテラン」等級に昇格するといった感じで、昇格モデルを作成し、それに想定される賃金を当てはめていくのです。

すると、「ベテラン」等級の基本給下限金額が高すぎて、標準的に昇格する際でも、大幅な下限未達（特別昇給）が発生してしまうので、もう少し基本給下限金額を下げておかないと、運用上の問題が出る、といったことがわかります。

このようにして基本給レンジの設定に実務上の不具合がないか検証しておきましょう。

124

▶自社に合った昇給ルールを設計する

　範囲給制度では、前述のように貢献度の高さを表わす資格等級ごとに基本給の上限と下限を定めます。

　そのうえで昇給はどのように行なうのかといえば、**賃金表を作成する場合**と、**昇給表で実施する場合**があります。

　以下では多くの企業で採用されている２つの種類の賃金表および賃金表を用いない昇給のルールについて説明します。

①等級号俸表

　わが国で最も多く採用されている賃金表が等級号俸表です。文字通り、**等級毎の下限金額を１号俸とし、これに各等級で定めたピッチ（昇給開差）を足していった表に基づき、昇給を実施する方法**です（次ページ上表）。

　具体的な昇給は、次ページ下表「等級号俸表における昇給号俸数例」にあるように、人事評価の結果により、昇給する号俸数を決めておくことが一般的です。

　たとえば、新入社員で「新人」等級の１号俸（165,000円）に格付けされた社員の人事評価がBの場合の昇給は、＋３号俸の新人等級：４号俸となり、基本給は167,400円（昇給額2,400円）となるのです。

　なお、表は長くなってしまうので省略しましたが、各資格等級の上限金額で賃金表もストップすることになります。

　この等級号俸表は、毎年の人事評価を長年にわたって累積させるものであり、**長い期間を通じて、徐々に賃金に差がつく仕組み**となっています。ちなみに昇格した際には、**昇格後資格等級の賃金表における号棒を直近上位の金額の号俸に位置づける**ことが一般的です。

125

等級号俸表

号俸	等級				
	新人	担当	ベテラン	リーダー	管理
ピッチ	800円	900円	1,000円	1,100円	1,200円
1	165,000円	200,000円	250,000円	300,000円	350,000円
2	165,800円	200,900円	251,000円	301,100円	351,200円
3	166,600円	201,800円	252,000円	302,200円	352,400円
4	167,400円	202,700円	253,000円	303,300円	353,600円
5	168,200円	203,600円	254,000円	304,400円	354,800円
6	169,000円	204,500円	255,000円	305,500円	356,000円
7	169,800円	205,400円	256,000円	306,600円	357,200円
8	170,600円	206,300円	257,000円	307,700円	358,400円
9	171,400円	207,200円	258,000円	308,800円	359,600円
10	172,200円	208,100円	259,000円	309,900円	360,800円
11	173,000円	209,000円	260,000円	311,000円	362,000円
12	173,800円	209,900円	261,000円	312,100円	363,200円
13	174,600円	210,800円	262,000円	313,200円	364,400円
14	175,400円	211,700円	263,000円	314,300円	365,600円
15	176,200円	212,600円	264,000円	315,400円	366,800円
16	177,000円	213,500円	265,000円	316,500円	368,000円

等級号俸表における昇給号俸数例

評価	昇給号俸数
S	5
A	4
B	3
C	2
D	1

②複数賃率表

　等級号俸表に対し、複数賃率表は「**過去の人事評価の結果を挽回できる賃金表**」といわれています。

　こちらは資格等級別に賃金表を作成し、縦軸は号俸、横軸は人事評価となっています。

　128ページ表「複数賃率表」で標準評価であるＢ評価を見ると、号俸が１進むごとに2,400円ずつの定期昇給がなされており、その両サイドには評価によって昇給が加減算された金額が定められています。

　新入社員で「新人」等級の１号俸（165,000円）に格付けされた社員が翌年の人事評価でＡを取った場合の基本給は２号俸・Ａ評価の168,200円（定期昇給3,200円）となります。

　その翌年の人事評価がＣの場合には、３号俸・Ｃ評価の場合の基本給である169,000円（定期昇給800円）、さらにその翌年の人事評価がＢだとすると４号俸・Ｂ評価の172,200円（定期昇給3,200円）というように推移します。

　つまり、常に年次ごとのB評価の基本給を中心に、その金額が上下するだけなので、**仮に最初の数年で低い評価を受けていたとしても、その後、挽回することができる**のです。

　等級号俸表よりもさらに確実に定期昇給を行なうという**比較的年功的な賃金表**になります。

　したがって、**複数賃率表は若年層（下位等級）の賃金管理に適している**といわれます。

複数賃率表

号俸	「新人」等級				
	人事評価S	人事評価A	人事評価B	人事評価C	人事評価D
ピッチ	＋1,600円	＋800円	±0円	▲800円	▲1,600円
1	－	－	165,000円	－	－
2	169,000円	168,200円	167,400円	166,600円	165,800円
3	171,400円	170,600円	169,800円	169,000円	168,200円
4	173,800円	173,000円	172,200円	171,400円	170,600円
5	176,200円	175,400円	174,600円	173,800円	173,000円
6	178,600円	177,800円	177,000円	176,200円	175,400円
7	181,000円	180,200円	179,400円	178,600円	177,800円
8	183,400円	182,600円	181,800円	181,000円	180,200円
9	185,800円	185,000円	184,200円	183,400円	182,600円
10	188,200円	187,400円	186,600円	185,800円	185,000円
11	190,600円	189,800円	189,000円	188,200円	187,400円
12	193,000円	192,200円	191,400円	190,600円	189,800円
13	195,400円	194,600円	193,800円	193,000円	192,200円
14	197,800円	197,000円	196,200円	195,400円	194,600円
15	200,200円	199,400円	198,600円	197,800円	197,000円
16	202,600円	201,800円	201,000円	200,200円	199,400円

③昇給表

賃金表による賃金管理に対し、**最近は賃金表を作成せずに、昇給表により昇給管理のみを行なうケースが増えています。**

まずは最もシンプルな昇給表として、下表「昇給表（基本形）」をご覧ください。

これは昇給ピッチ800円として、標準のB評価を2,400円とした例です。そもそも範囲給には基本給の上限金額と下限金額が設定されているので、昇給についてはその範囲内でこうした昇給表で金額を積んでいけば十分に管理することができます。

昇給表（基本形）

人事評価	昇給額
S	4,000円
A	3,200円
B	2,400円
C	1,600円
D	800円

それでは、昇給表のバリエーションを見ていくことにしましょう。

下表「昇給表（等級別設定）」は、等級別に昇給の金額や階差を変化させたパターンです。この背景には、上位等級であればあるほど、自らの仕事についての裁量や自由度が高くなり、その責任も大きくなるという考え方があります。

したがって、**同じ標準のB評価の場合には、上位等級のほうが高い昇給額が設定され、同時に評価によるメリハリが大きくなっているの**です。

昇給表（等級別設定）

人事評価	一般社員	リーダー	管理職
S	4,000円	6,000円	12,000円
A	3,200円	4,500円	8,000円
B	2,400円	3,000円	4,000円
C	1,600円	1,500円	0円
D	800円	0円	0円

表の例を見ると、管理職クラスの社員がSやAといったプラスの評価を受ける場合には、組織としても大きなプラスになっていることが通常であることから、昇給額を大きくする一方、CやDといったマイナスの評価に止まる場合には、昇給はゼロとかなりメリハリの効いた設定にしています。

これに対し、一般社員の場合は基本的に上司の指示を受けて仕事を行なう以上、評価に対する責任も相対的に小さくなることから、メリハリは小さく、最低のD評価でもいくらかの昇給が行なわれる設定となっています。

等級別設定の昇給表をさらに進めたのが、下表「昇給表（等級別設定＋ゾーン別）」です。

これは、たとえば、その資格等級の基本給の上下限の中心値（例：上限金額28万円、下限金額20万円であれば、24万円が中心値）で線を引き、**中心値から上限までの「上ゾーン」と下限から中心値までの「下ゾーン」に分割します。**そのうえで、下ゾーンの昇給額を高めに、上ゾーンの昇給額を低めに設定するのです。

昇給表（等級別設定＋ゾーン別）

人事評価	一般社員		リーダー		管理職	
	下ゾーン	上ゾーン	下ゾーン	上ゾーン	下ゾーン	上ゾーン
S	4,000円	2,000円	6,000円	3,000円	12,000円	6,000円
A	3,200円	1,600円	4,500円	2,250円	8,000円	4,000円
B	2,400円	1,200円	3,000円	1,500円	4,000円	2,000円
C	1,600円	800円	1,500円	750円	0円	0円
D	800円	400円	0円	0円	0円	0円

このゾーン別の設定では、以下の3つの効果が期待されます。

（1）若手の昇給額の引き上げ

相対的に賃金が低い下ゾーンの昇給額が大きくなるので、結果的には昇格からの期間が短い、**伸び盛りの若手の昇給額が大きくなり、昇格によるモチベーション向上が期待**できます。

（2）上限到達時期の先延ばし

同じピッチで昇給を行なっていると、早い時点でその資格等級の上限金額に到達し、昇給が停止してしまうことになります。

したがって、上ゾーンの昇給額を抑制し、賃金カーブを曲げることにより、上限金額への到達時期を先延ばしにします。

　昇給停止は社員に、「会社から評価されていない」「必要とされていない」という意識をもたせ、モチベーションを大きく下げることがあるので、できるだけ**昇給停止という対応をしなくてもよいように制度設計**しておきたいものです。

(3) 昇給原資の若手への移管
　上ゾーンの昇給を抑制した結果、その分の昇給原資が抑制されます。**ここで余裕が生まれた原資を若手の昇給に回すことにより、早期立ち上げの賃金カーブを構築**することができます。

昇給表（等級別設定＋ゾーン別）が狙う効果

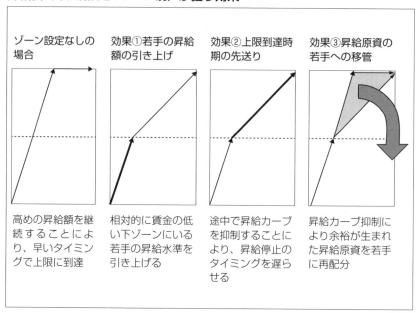

以上、様々な昇給表のパターンをご紹介しました。

これらを基本に、あとは御社で想定する賃金カーブをつくるための**オプションを検討**してみてください。

オプションとして最もよく用いられるのが、若手社員の年齢加算昇給と勤続給です。

A　年齢加算昇給

昔からわが国の賃金制度には「年齢給」が設定されていることがよくありました。

これは生計費カーブに見合った賃金を支給することを目的とし、年齢により変動する生計費カーブに合わせて、年齢給を増減させていたのです。

しかし、**近年、年齢給を設定することは少なくなっています**。その理由は以下のとおりです。

(1) 男性労働者のシングルインカムを前提とした賃金制度の崩壊

かつての日本の家庭は、結婚をすると女性は仕事を辞め、専業主婦となり、男性の給与で家計を成り立たせるシングルインカムの考え方が中心とされていました。

この前提に立てば、賃金を生計費カーブに基づいて設計し、社員の生活を保障するという考え方になるわけです。

しかし、日本の家庭は変化しました。いまや結婚しても**共働きが当たり前**になり、そもそも**結婚をしない者も増加**しています。

男性労働者のシングルインカムで世帯の収入を保証するという考え方自体が崩れてしまっています。

(2) 中途入社の増加

年齢給は**新卒入社中心の会社であれば比較的うまく回ります**。

しかし、ごく一部の大企業を除き、現在は中途入社の社員が増加しています。

年齢給が設定されている場合、仕事や能力の高さが一緒であるにも関わらず、「年齢が高い」というだけの理由で雇い入れ時の賃金が高くなり、不合理であるという考え方が強くなっています。

これは、特に一般事務など定型的な職務を担当する社員の賃金設定において、よく問題となります。

このような理由から、最近では、年齢給を設定するケースは非常に少なくなっています。

しかし、一方で20代から30代前半くらいまでの社員の昇給水準については、ある程度高めに設定しておかなければ、他社との昇給の比較において見劣りし、離職の原因となる場合があります。そのような場合には、**年齢昇給加算**を設定することがあります。

これは前述した昇給表の金額に加え、たとえば、「**35歳までの社員については別途いくらかの昇給額を加算する**」といったものです。

年齢昇給加算

年齢	昇給加算額	年齢	昇給加算額
19歳	2,000円	28歳	1,500円
20歳	2,000円	29歳	1,500円
21歳	2,000円	30歳	1,500円
22歳	2,000円	31歳	1,000円
23歳	2,000円	32歳	1,000円
24歳	2,000円	33歳	1,000円
25歳	2,000円	34歳	1,000円
26歳	1,500円	35歳	1,000円
27歳	1,500円	36歳以上	加算なし

この方法であれば、雇い入れ時の賃金設定で制約を抱えることもなく、若手の昇給水準を引き上げることができます。

B　勤続給

　勤続給と聞くと、勤続年数によって毎年昇給を積み上げる典型的な年功賃金というイメージがあるかもしれませんが、ここで取り上げる勤続給は少し意味が異なります。

　今回設計している範囲給という仕組みは、昇格できず、その資格等級に長期滞留すると、どこかで基本給の上限金額に到達し、昇給が停止してしまいます。

　しかし、企業によっては「毎年、いくらかの昇給をしてやりたい」という考えがあるでしょう。

　その場合、上限金額を超えて基本給の昇給を行なうわけにはいかないので、**別途、勤続給を設定し、基本給が仮に上限に到達していたとしても毎年いくらかは昇給するような取扱いを行なうことがあります。**

　たとえば、勤続給の設定を1年当り500円とすれば、10年間でも5,000円に過ぎません。その程度であれば、賃金制度全体に与える影響もコストもそれほど気にすることなく、最低限の昇給を確保することができるでしょう。

　なお、勤続給については、「**上限を55歳までとする（その場合、上限到達者については55歳以降昇給停止）**」といった対応をすることもあります。

　昇給については、いろいろな考え方があります。まず様々な選択肢を理解したうえで、自社に合ったシステムを構築していただければと思います。

▶新賃金制度への移行時に求められる対応

　それでは賃金制度の最後に、現在支給されている賃金を新制度に乗せ替える際のポイントについて解説します。

　まず、**諸手当については、支給基準を変更した際の差額を基本給に組み入れるものと、組み入れは行なわず単独で見直すものの２つに分かれます。**

　たとえば、過去に何らかの理由により支給された調整給のようなものは原則廃止し、基本給に組み入れることが一般的です。これは精皆勤手当など社員に対し、一律に支給されるものも同様です。

　これに対し、家族手当を基本給に組み入れてしまうと、不具合が生じることになります。

　たとえば、配偶者手当10,000円を廃止する場合、固定給が下がらないようにと10,000円を基本給に組み入れてしまうとすれば、この制度改定のタイミングで、**たまたま配偶者手当を受給していた社員は基本給が10,000円高くなり、不支給者とのバランスを失います。**

　したがって、このように基本給に組み入れることが適切ではない手当については、その手当単独で見直しを行ない、不利益になる場合には**移行措置**などを検討するようにしましょう。

例）配偶者手当10,000円を廃止する場合

> 以下のように段階的に支給額を落としていくことにより、定期昇給の範囲内に収めながら、毎年の固定給がマイナスにならないような配慮を行なう。
> 　　初年度　7,500円の配偶者手当調整を支給（▲2,500円）
> 　　２年度　5,000円の配偶者手当調整を支給（▲2,500円）
> 　　３年度　2,500円の配偶者手当調整を支給（▲2,500円）
> 　　４年度　移行完了（▲2,500円）

次に基本給の移行措置ですが、新基本給とその社員が該当する資格
等級の基本給レンジとの関係により、以下のように考えます。

①新基本給が該当する資格等級の基本給レンジ内に収まっている場合

基本給は適正範囲にあり、新基本給はその金額で決定する。

②新基本給が該当する資格等級の下限金額を下回っている場合

現在の給与水準が、その資格等級で設定する水準よりも低いレベル
にとどまっていることから、原則として下限金額まで基本給の引き上
げを実施します。

下図「下限金額を下回る場合の移行措置」の場合であれば、その資
格等級の基本給下限金額である25万円まで基本給を特別昇給すること
になります。

しかし、この場合は**持ち出し原資が発生する**ので、どの程度の予算
が必要になるかを確認しておかなければなりません。

もし、下限金額までの引き上げ予算が確保できない場合には、**数年
間かけて段階的に引き上げるなどの対応をせざるを得ない場合もある**
でしょう。

下限金額を下回る場合の移行措置

上限金額32万円

下限金額25万円

③新基本給が該当する資格等級の上限金額を上回っている場合

　新制度への移行に際し、**最も困るのが、その資格等級の上限金額を超える基本給を受給している場合**です。

　下図「上限金額を上回る場合の移行措置」のケースでは、その資格等級の基本給上限額が32万円であるのに対して、現行の基本給が35万円と上限金額を超過しています。

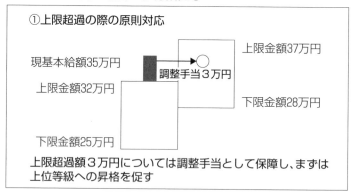

　このような場合、いきなり基本給を減額するのは不利益変更となり、法的に問題があるだけではなく、社員本人にとっても納得できるものではないでしょう。

　こうした上限金額超過のケースでは、1つ上の等級に昇格すれば、適正範囲に収まることがほとんどです。
　したがって、**まずは昇格を促すことで問題解決を図る**ことになります。

　具体的には、上限金額を超過している3万円については調整手当と

して、3年間程度は保障します。

この期間については様々な考え方があると思いますが、筆者の場合は、不利益変更に対する移行措置という法的視点に加え、**上位等級に昇格するのに必要な時間を意識して、できれば3年間程度は調整手当の保障を行ないたい**と考えています。

そのうえで、本人と上司で面談を行ない、昇格に向けた**目標設定を**行ない、会社としての支援も約束します。

その後も**半年に1回程度は面談**を行ない、その進捗状況の確認と目標達成に向けた動機づけを継続していきます。

この取組みのなかで昇格することができれば、問題解決です。

しかし、そのような支援を行なっても、すべての社員が昇格できることはないでしょう。

特に管理職手前の等級で滞留しているベテラン社員の場合は、昇格しようとすればマネジメントスキルを身につけ、管理職になるしかないということもあり、一筋縄ではいかない場合も多いと思われます。

そのような場合の対応としては、大きく2つの選択肢があります。

(1) 調整手当を支給停止とし、上限金額まで基本給を引き下げる

これは不利益変更に該当しますが、会社全体のバランスや公平感を維持するためには行なわざるを得ない場合もあるでしょう。

この時点ですでに数年間の調整手当の保障を行なってきてはいますが、その減額においても調整手当の金額が大きい場合には、**段階的に調整手当を減額する配慮**を行なうことがあります。

たとえば、調整手当を減額する場合、生活への過度の影響を緩和す

るため、1年当りの下げ幅を固定給の5％程度にとどめるといったことを検討してもよいでしょう。

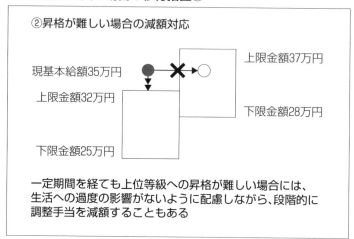

上限金額を上回る場合の移行措置②

②昇格が難しい場合の減額対応

現基本給額35万円
上限金額32万円
下限金額25万円
上限金額37万円
下限金額28万円

一定期間を経ても上位等級への昇格が難しい場合には、生活への過度の影響がないように配慮しながら、段階的に調整手当を減額することもある

(2) 調整手当の減額は行なわず、定年まで保障する

原則的には(1)の対応を行なうことがほとんどですが、**場合によっては調整手当の減額をしないという選択肢もあります。**

具体的には、調整手当の支給対象者が、50歳代後半の社員ばかりというようなケースであれば、定年まで残り数年のことなので、調整手当はそのまま保障し、**定年退職することで自然に問題が消えるのを待つ**ということもあり得ます。

30歳代や40歳代など比較的若い社員で調整手当が発生している場合には、さすがにこの方法を採るのは難しいと思いますが、対象メンバーの顔ぶれ・年齢層によっては、不利益変更という法的問題を抱えるよりも、現在の給与のまま、安心して定年を迎えてもらうという選択もあり得るでしょう。

第**4**章

賞与制度・退職金制度はゼロベースから考える

ステップ❻

賞与制度

▶「基本給×○か月」という計算で本当にいいのか

賃金制度が完成したら、続いては賞与制度の設計に移ります。
　賞与制度は、一般的に夏と年末の２回、過去半年間の業績に基づき支給される一時金制度になりますが、**多くの企業で不思議な取扱いが行なわれています。**

　皆さんの会社では、以下のように賞与の支給額が計算されていませんか？

わが国の一般的な賞与計算式

```
基本給×○か月×人事評価係数（※）
※人事評価係数
　S評価：120%　A評価：110%　B評価：100%
　C評価： 90%　D評価： 80%
```

　このような賞与の計算方法を**基本給連動型**と呼びます。
　基本給連動型は、もし基本給が社員の貢献度の高さを的確に反映しているのであれば、シンプルでよい制度だといえるでしょう。

　しかし、現実的には以下のようなことが発生しているケースが多いようです。

仮に、今回の賞与の支給月数が2か月で、若手"バリバリ"営業課長の人事評価がA評価、ベテラン"マイペース"主任の人事評価がC評価だとしたら、前述の計算式では、この2人の賞与支給額は以下のようになります。

若手"バリバリ"営業課長の賞与
　　基本給270,000円×2か月×人事評価係数110％＝594,000円
ベテラン"マイペース"主任の賞与
　　基本給350,000円×2か月×人事評価係数 90％＝630,000円

この結果には違和感を覚える人が多いのではないでしょうか。
　ベテラン"マイペース"主任には、これまでの長年にわたる貢献の積上げがあるはずですし、法的にも給与を下げるのはなかなか難しいので、基本給がある程度高いのは理解できます。
　しかし、**賞与は過去半年間の会社業績や組織への貢献を評価し、支給するもの**であることを考えれば、せめて賞与だけは若手"バリバリ"営業課長のほうが高くあるべきではないでしょうか。
　そのためには、まず**「基本給の○か月分」という呪縛から逃れ、自由な発想で賞与制度を考えること**が重要です。

▶限られた原資をどう配分すれば社員はもっと頑張れるか

　それでは、どのような仕組みで賞与の支給額を算定すればよいのでしょうか。

　この点を考えていただくために、以下の質問に回答してください。

質問

あなたは社員数100人の会社の社長です。目の前に100万円の札束が50個（総額5,000万円）積まれています。

株主と取締役会からは、「この原資を、あなたの思うように自由に配分してよい」と承認を受けています。

1人でも多くの社員が、「これまでの頑張りが報われた」と感じ、やる気が高まる仕組みを意識する場合、どのような指標でこの5,000万円を配分しますか？

　「目の前に札束が積まれている」とイメージして、自由な発想で考えてみてください。

　この5,000万円をどのように使えば、会社はよくなりますか？　皆さんの考えを以下にまとめてみてください。

いかがでしたでしょうか？　恐らく、いろいろな指標が出てきたと思いますが、この質問に対する回答としてよく挙がる指標には以下のようなものがあります。

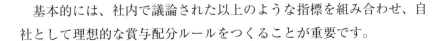

- 個人の人事評価結果
- 役職
- 等級
- 部門業績
- 勤続年数
- 提案件数
- 一律
- 効率的な働き方（生産性、残業時間など）
- チャレンジ度
- サンクスカードの枚数　など

基本的には、社内で議論された以上のような指標を組み合わせ、自社として理想的な賞与配分ルールをつくることが重要です。

もっとも、「男女で差をつける」であるとか、「年次有給休暇を取得したら減額する」というような、**法的に問題がある指標は当然、認められません。**

一方で、**「基本給にしばられる」**必要も、まったくありません。

▶理想的な配分基準をルール化するポイント制賞与制度

　自社として理想的な賞与原資の配分指標を決定したら、次にそれを賞与の計算ルールとしてまとめていきます。

　その際によく用いられるのが**ポイント制賞与制度**です。

　ポイント制賞与制度は**バジェット（予算）配分方式**とも呼ばれるもので、はじめに設定した賞与原資を、理想的な配分ルールとして設定したポイントに基づいて配分していくものです。

　少しわかりにくいので、簡単な例を使って説明しましょう。

　たとえば、社内で議論した結果、賞与原資を以下の2つの指標で配分することになったとします。

　指標①　社員の基本的な貢献度の高さを表わす**資格等級**

　指標②　社員の過去半年の成果と頑張りを表わす**人事評価結果**

　この場合、以下のようなポイント表を作成します。

ポイント制賞与制度　等級ポイントサンプル

	新人	担当者	ベテラン	リーダー	管理職
S	120	144	180	216	264
A	110	132	165	198	242
B	100	120	150	180	220
C	90	108	135	162	198
D	80	96	120	144	176

　賞与の支給対象社員が5名いて、それぞれ等級と個人評価が次ページ上表のような場合、個人ポイントが適宜算出されます。

ポイント制賞与制度　個人ポイントの計算

氏名	等級	個人評価	個人ポイント
佐藤	管理職	B	220
鈴木	リーダー	S	216
加藤	ベテラン	A	165
斉藤	担当者	C	108
平田	新人	B	100
合計			809

　次にポイント単価を計算します。

　仮に賞与原資が250万円とすると、250万円÷809ポイント（＝5人の合計）＝3,090円（1円未満切り捨て）となります。

　このポイント単価を、個人ポイントにかけ戻してみましょう。

ポイント制賞与制度　個人ポイントから賞与支給額の計算

氏名	等級	個人評価	個人ポイント	賞与支給額
佐藤	管理職	B	220	679,800円
鈴木	リーダー	S	216	667,440円
加藤	ベテラン	A	165	509,850円
斉藤	担当者	C	108	333,720円
平田	新人	B	100	309,000円
合計			809	2,499,810円

　このように賞与原資である250万円が、自社にとって最も理想的だと思われるルール（ポイント）により、配分されるのです。

　これがポイント制賞与制度の基本的な考え方になります。

なお、現実的な制度設計では、等級ポイントに加え、①役割ポイントや②勤続ポイントを設定するケースが多く見られます。

①役割ポイント

　管理職の等級に位置づけられる社員をより詳細に見てみると、社員数が多い事業部を統括している「統括部長」もいれば、社員５名程度が所属する「課長」もいたりします。

　つまり、**同じ等級であっても組織上の役職は様々であり、そこで担っている職責にも大きな差が見られるようなケース**があります。

　そのような場合は下表のように「役割ポイント」を設定し、ポイントに加算することになります。

役割ポイント

	課長	部長	統括部長
S	60	100	160
A	45	75	120
B	30	50	80
C	15	25	40
D	0	0	0

　なお、**役割ポイントについては、等級ポイントよりも人事評価による格差を大きく設定する**ことがよくあります。

　たとえば、課長で最低のＤ評価という場合、課長としての職責をまったく果たせなかったということなので、**「役割ポイントによる加算はなし」**といった考えを取ることになります。

②勤続ポイント

　賞与は過去半年または１年間の業績を評価し、支給するもので、「期間内の貢献を中心に算定する」という考え方が基本にあります。

148

一方で、「ある程度の年功的要素も反映させたい」という意見もよく挙がります。その場合に設定するのが「勤続ポイント」です。

ポイントの設定は簡単で、たとえば、「勤続年数1年当り1ポイント」といった感じで等級ポイントや役割ポイントに加算します。

その場合、**過度に年功色が強くならないように上限を設定することもよくあります**（例：上限20年＝20ポイントなど）。

以上、最もよく見られる3つのポイントに基づいてポイント制賞与制度の制度設計サンプルを作成すると下表のようになります。

ポイント制賞与制度設計サンプル

ポイント①等級ポイント

	新人	担当者	ベテラン	リーダー	管理職
S	120	144	180	216	264
A	110	132	165	198	242
B	100	120	150	180	220
C	90	108	135	162	198
D	80	96	120	144	176

ポイント②役割ポイント

	課長	部長	統括部長
S	60	100	160
A	45	75	120
B	30	50	80
C	15	25	40
D	0	0	0

ポイント③勤続ポイント

勤続満1年当り1ポイント（上限20ポイント）

それでは前ページ「ポイント制賞与制度設計サンプル」に基づいて演習を行ない、制度をより深く理解しましょう。

演習「ポイント制賞与制度　支給額計算」

賞与原資500万円を以下10名で分配しください。

氏名	等級	役割	勤続年数	人事評価	ポイント計算				賞与支給額
					等級	役割	勤続	合計	
松下	管理職	部長	35	B					円
上田	管理職	課長	28	A					円
高田	リーダー	—	26	B					円
武藤	リーダー	—	25	C					円
木田	ベテラン	—	16	B					円
橋本	ベテラン	—	15	S					円
大山	担当者	—	10	B					円
中西	担当者	—	8	A					円
弥富	担当者	—	5	C					円
安藤	新人	—	2	B					円
合計									円
ポイント単価（500万円÷総ポイント）									円

※答えは153ページに掲載

ポイント制賞与制度は、重視する指標をポイント化することで、自社にとって理想的な賞与配分ルールを明確にできる点が大きなメリットです。

　たとえば、前述の例で挙げた改善提案の場合、改善提案１件当り１ポイント、よい内容の場合は３ポイントを加算する（上限20ポイント）といった「改善提案ポイント」を設定すれば、わかりやすい形で賞与制度に簡単に取り込むことができます。

　賞与制度は、半年または１年間という期間を対象とした短期インセンティブです。**毎月の賃金や退職金と比較しても既得権性は低く、柔軟に支給額を決定することができるので、今後は基本給に過度にしばられることなく、理想的なルールに基づいて計算していくことが重要**になります。

　なお、実務的には、賞与原資の全額をポイント制で分配すると細かい調整ができず、社員への説明がしにくいケースも生じます。
　たとえば、昨年と同原資・同評価であるにも関わらず、結果的に賞与支給額が減少し、「これでは社員本人にうまく説明ができない」というケースです。

　こうした細かい不具合を解消するためには、**原資の一定割合（10%程度）は最初から調整原資として別途管理しておき、最終的な支給額を決定する役員会などにおいて、その原資を使って調整を行なうことも検討するとよいでしょう。**

151

●新制度への移行時に考えておきたい激変緩和措置

　ポイント制賞与制度を導入した際、制度設計の内容にもよりますが、**社員によっては賞与の支給額が大きく変動することがあります。**

　具体的には、従来、基本給は高かったものの、資格等級や人事評価が低い社員は賞与の支給額が下がり、逆に、若手課長のように資格等級や人事評価が高いにも関わらず、年功的な賃金制度により基本給が抑えられていたような社員は賞与の支給額が上がります。

　それは通常、会社が望む姿なので、「仕方ない」といってしまえばそこまでかもしれません。

　しかし、**増減が10万円を超えるような単位で起こるとなると、「本当にそれでよいのか？」**という意見も出てくることでしょう。

　法的に見ると、賞与は他の報酬制度に比べ、その支給額を柔軟に決定できるとはいえ、大幅に変動することは、社員の生活にも大きな影響を与えます。

　そこで、ポイント制賞与制度を導入する際には、一定期間、激変緩和措置をとることがあります。

　その際、**最も簡単なのは一部、基本給連動部分を残すやり方**です。

　たとえば、従来、基本給の２か月分の賞与を支給していた場合、今年の夏季賞与では基本給の１か月分を基本賞与として一律に支給し、残りの１か月分の原資をポイント制で配分するといった対応です。

　その後、次ページ上表のように、徐々に比率を見直していくのです。

152

ポイント制賞与制度の激変緩和措置

支給時期	基本給連動部分	ポイント制部分
今年の夏季賞与	1か月分	1か月分
〃　冬季賞与	0.75か月分	1.25か月分
来年の夏季賞与	0.5か月分	1.5か月分
〃　冬季賞与	0.25か月分	1.75か月分
再来年の夏季賞与	0か月分	2か月分

いくら会社にとって理想的な配分ルールであっても、社員に不安感を与えてしまっては意味がありません。

大幅に支給額が変動する場合は、こうした激変緩和措置についても検討しておきましょう。

▼150ページ演習「ポイント制賞与制度　支給額計算」答え

氏名	等級	役割	勤続年数	人事評価	ポイント計算				賞与支給額
					等級	役割	勤続	合計	
松下	管理職	部長	35	B	220	50	20	290	794,310円
上田	管理職	課長	28	A	242	45	20	307	840,873円
高田	リーダー	—	26	B	180	0	20	200	547,800円
武藤	リーダー	—	25	C	162	0	20	182	498,498円
木田	ベテラン	—	16	B	150	0	16	166	454,674円
橋本	ベテラン	—	15	S	180	0	15	195	534,105円
大山	担当者	—	10	B	120	0	10	130	356,070円
中西	担当者	—	8	A	132	0	8	140	383,460円
弥富	担当者	—	5	C	108	0	5	113	309,507円
安藤	新人	—	2	B	100	0	2	102	279,378円
合計					1,595	95	136	1,825	4,998,675円
ポイント単価（500万円÷総ポイント）									2,739円

※ポイント単価を計算する際は円単位を切り捨てとする

ステップ❼

退職金制度
(1)現状把握と方向性の立案

▶退職金は隠れ債務。まずは現状把握を

報酬制度設計もいよいよ終盤、退職金制度の設計に入りましょう。

賃金には、「労働者を雇用する場合には最低いくらの賃金を支払わなければならない」というルール（最低賃金法）があります。

これに対し、退職金にはこうした法的規制がありません。したがって、本来的に**退職金制度は「なくてもよい制度」**ということになるわけですが、現実には多くの企業で導入されています。

退職給付制度がある企業の割合

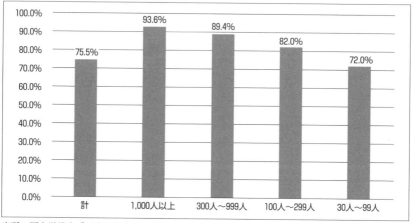

出所　厚生労働省「平成25年　就労条件総合調査」

前ページ図に示した厚生労働省の調査によれば、75.5％の企業で何らかの退職給付制度（一時金・年金）が採用されています。

採用率は、企業規模が大きくなるほど高くなりますが、30〜99人規模でも採用率72.0％ですから、**中小企業でも広く普及していることがわかります。**

退職金には大きく分けて２つの定め方があります。それが①確定給付型と②確定拠出型です。簡単に説明すると以下のようになります。

①確定給付型

退職金の**給付**額が**確定**している。つまり、実際に退職する際に支給される退職金の額が約束されるタイプの退職金制度です。

具体的にいえば、「退職時には基本給の○か月分を支給する」であるとか、「勤続年数○年で○万円を支給する」といった決め方をしている制度がこれに該当します。

現状、わが国の退職金制度の大半は確定給付型となっています。

②確定拠出型

将来の退職金の支給のために、いま**拠出**する金額が**確定**している。つまり、実際に退職時に支給される退職金の額を保証するのではなく、その支払いに向けて毎月会社が積み立てる掛金を約束するタイプの退職金制度となります。

具体的には、中小企業退職金共済（以下、「中退共」といいます）のような退職金専用の共済商品や確定拠出年金などに毎月拠出する掛金を月額10,000円などと定め、拠出していきます。

実際に支給される退職金は、その拠出された金額に一定の利息や運用益が付与されたものとなります。

155

このうち、**確定給付型の退職金制度**は、社員にとっては受け取る退職金の額がわかる点でメリットがあります。

　反面、会社から見ると、支給額を約束している以上、**業績の悪化などにより会社の資金が不足しているような場合でも、約束した額を必ず支給しなければならないリスクを抱える**ことになります。

　もし、支給額を引き下げようとする場合は、原則としては社員個人の個別同意を必要とするので、それは現実的ではありません。

　退職金制度を運用している場合はまず、自社の退職金の状況を定期的に把握し、もし課題があるのであれば、早め早めに対応することが重要です。

　自社の退職金がどの程度の水準か、把握しているでしょうか。いま社員が退職したら、いくらの退職金が必要になるでしょうか。恐らく、多くの会社が把握できていないと思います。

　こうした現状から、**退職金は「隠れ債務」**と呼ばれるのです。

　実際に退職金の現状把握を進めていきましょう。

　ここでは、中小企業の多くが採用している**最終給与比例方式の退職金制度**（退職時の基本給などに勤続年数別の支給係数を乗じて退職金支給額を算定する方式）を例に挙げて説明します。

　まず用意するのは以下の３つの資料とデータです。いずれも簡単に用意できるものばかりだと思います。

```
(1)  退職金規程
(2)  社員の生年月日と入社年月日
(3)  社員の基本給支給額
```

これらデータに基づき、以下の2点について計算します。

把握事項①　現時点での退職金要支給額
把握事項②　現在の社員が定年まで勤務した場合の定年退職金支給予想額

　把握事項①現時点での退職金要支給額は簡単です。下表のように現状把握をする基準日を設定したうえで、以下のステップで計算します。

Step1　社員各人の勤続年数を計算する
Step2　退職金規程の別表から、各人の勤続年数に対応した支給月数を確認する
Step3　各人の基本給にStep2の支給月数を乗じる

退職金現状把握①　現時点での退職金要支給額

社員番号	氏名	基準日 生年月日	H28.3.31 入社年月日	年齢 年	年齢 月	勤続年数 年	勤続年数 月	基本給	支給月数	退職金要支給額
1	佐藤	S41.12. 4	H22. 3.1	49	3	6	1	¥275,000	3.5	¥962,500
2	鈴木	S43. 8.27	H 5. 8.1	47	7	22	8	¥295,100	17.5	¥5,164,250
3	山本	S45. 7.26	H 4. 4.1	45	8	24	0	¥274,940	19.5	¥5,361,330
4	高木	S62. 2.13	H24. 6.1	29	1	3	10	¥234,500	2	¥469,000
5	加藤	S63.12.12	H26. 4.1	27	3	2	0	¥232,600	0	¥0
6	伊勢	S36. 4. 3	H10. 9.1	54	11	17	7	¥376,500	12.5	¥4,706,250
7	高橋	S52. 9.27	H26. 6.1	38	6	1	10	¥267,300	0	¥0
8	児玉	S38.10.10	H 5. 1.1	52	5	23	3	¥310,200	18.5	¥5,738,700
9	城田	S58. 2.15	H25. 6.1	33	1	2	10	¥278,300	0	¥0
10	田中	H5. 7. 5	H27.12.1	22	8	0	4	¥198,000	0	¥0
									合計	¥22,402,030

　たったこれだけですが、実際に行なってみた結果はいかがでしたでしょうか？

　特にベテラン社員が多い会社は予想以上に大きな金額になると感じ

157

たことでしょう。「基準日に全社員が退職」というのは廃業でもしない限りあり得ませんが、すでに「これだけの退職金が積み上がっている」ということを認識してください。

　次に、把握事項②現在の社員が定年まで勤務した場合の定年退職金支給予想額を計算してみましょう。

Step 1　定年退職時の予想基本給を計算する
　　　　厳密に行なうのであれば、今後の昇進昇格なども勘案して各人別に予想基本給を定めることになりますが、簡易で計算するのであれば、現在の基本給に、今後の平均昇給見込み額に定年までの昇給回数を乗じた金額を足すということでもよいでしょう。

Step 2　退職金規程の別表から、各人の定年到達時の勤続年数に対応した支給月数を確認する

Step 3　Step 1の定年退職時予想基本給にStep 2の支給月数を乗じる

把握事項②　現在の社員が定年まで勤務した場合の定年退職金支給予想額

社員番号	氏名	基準日 生年月日	H28.3.31 入社年月日	年齢 年	月	勤続年数 年	月	現基本給	¥3,500 残昇給回数	定年時 基本給予想
1	佐藤	S41.12. 4	H22. 3.1	49	3	6	1	¥275,000	10	¥310,000
2	鈴木	S43. 8.27	H 5. 8.1	47	7	22	8	¥295,100	12	¥337,100
3	山本	S45. 7.26	H 4. 4.1	45	8	24	0	¥274,940	14	¥323,940
4	高木	S62. 2.13	H24. 6.1	29	1	3	10	¥234,500	30	¥339,500
5	加藤	S63.12.12	H26. 4.1	27	3	2	0	¥232,600	32	¥344,600
6	伊勢	S36. 4. 3	H10. 9.1	54	11	17	7	¥376,500	5	¥394,000
7	高橋	S52. 9.27	H26. 6.1	38	6	1	10	¥267,300	21	¥340,800
8	児玉	S38.10.10	H 5. 1.1	52	5	23	3	¥310,200	7	¥334,700
9	城田	S58. 2.15	H25. 6.1	33	1	2	10	¥278,300	26	¥369,300
10	田中	H 5. 7. 5	H27.12.1	22	8	0	4	¥198,000	37	¥327,500

退職金支給予想額はかなり大きな金額になったのではないでしょうか？

　下表の例でも**1人当り1,000万円を超える金額が続出**しており、社員数たった10人でも9,000万円近い金額になっています。

　ということは、各社の退職金制度にもよりますが、社員100人であれば9億円、500人いれば45億円にもなってしまいます！

　御社は、この巨額の「隠れ債務」を支払いながら、健全な企業経営を進めていくことができるでしょうか。

　少しおどかしてみましたが、実際にはここまで巨額の退職金の支払いが必要になることはないでしょう。

　なぜなら、この計算は、現在在籍する全社員が定年まで勤め上げる前提だからです。

　つまり、下表でいえば、4か月前に入社したばかりで、まだ22歳の田中さん（社員番号10番）があと38年間勤続し、定年退職を迎えたらこの金額になる、という予想です。

　社員が定年まで長期勤続し頑張ってくれるのは素晴らしいことではあります。しかし、現実的には一定確率で中途退職等が発生するのは避けられませんから、このような数字になることはあり得ません。

定年時 勤続年数	支給月数	予想定年退職金
17	12.5	￥3,875,000
35	30.5	￥10,281,550
39	32.5	￥10,528,050
34	29.5	￥10,015,250
35	30.5	￥10,510,300
23	18.5	￥7,289,000
23	18.5	￥6,304,800
31	26.5	￥8,869,550
29	24.5	￥9,047,850
38	32	￥10,480,000
合計		￥87,201,350
45歳以上合計		￥40,843,150

少しホッとされた人もいると思いますが、ホッとしてばかりもいられません。

たとえば、社員番号6番の伊勢さんは現在54歳11か月です。普通に考えれば、間違いなく定年まで勤務することでしょう。

ということは、5年と1か月後には予想定年退職金である728万9,000円の支給が必要になるのはほぼ確実です。

この資金準備は大丈夫でしょうか。もし不安があるのであれば、いまから備える必要があります。

このように考えた場合、伊勢さん同様、**ほぼ定年まで勤め上げることが確実な社員は何人くらい存在しそうでしょうか。**

たとえば、「現在45歳以上の社員は、ほぼ定年退職を迎える」と考えるとすれば、その対象人数は5人。その予想定年退職金の合計は4,084万3,150円になります。

この金額は現制度をこのまま運用していくと、ほぼ確実に支払いが求められることになります。

御社の試算結果はいかがでしたでしょうか。恐らく様々な課題が見えてきたことでしょう。

今後の支払いが苦しいのであれば、退職金支給水準の引き下げの検討が必要になることもあるかもしれません。

退職金は法的には非常に強い保護を受けるので、簡単なことではないのは事実です。ただ、退職金要支給額は月日が経てば経つほど、膨れあがっていきます。

そのような場合は、「課題が早く見つかった」と前向きに考えるよ

うにしましょう。

　退職金支給水準を引き下げる際は、**代償措置や移行措置などを講じ
たうえで社員に十分な説明を実施し、可能な限り、社員からの同意を
取りつけていく**ことが求められます。

　また、場合によっては、退職金の支給額にメリハリがないように感
じられたケースもあるかもしれません。

　勤続年数に応じて一律で支給額を決定する定額制退職金制度の場合
は当然として、最終給与比例方式でも基本給が年功的に運用されてい
る場合に、そうした感想が聞かれることが多くあります。

　近年は、能力主義など社員の貢献度を反映させる人事制度が一般化
しており、退職金についても在職中の貢献度に基づいて、よりメリハ
リをつけるべきだと考える企業が増えています。

　こうした企業の場合は、**貢献度反映型の退職金制度への見直しが検
討テーマとなる**でしょう。

　このように退職金制度については、まず現状把握をし、自社の課題
を明確にすることが何よりも重要です。

　自社の課題を検討するなかで、退職金制度の見直しの必要性が出て
きた場合は、次のステップに進みましょう。

▶本当に退職金は必要なのか

ここからは退職金制度の構築・見直しに入っていきましょう。

この議論に入る前に、まず皆さんに考えていただきたいことがあります。

質問

退職金制度は本当に必要ですか？
必要だとすれば、
どのような目的で支給するのですか？

別に「退職金制度を廃止しましょう！」と言いたいわけではありません。それでも考えてほしいのです。

多くの企業の退職金規程を見ると、施行日が昭和40年代前半というケースがよくあります。

昭和40年というのは東京オリンピックの翌年で、高度経済成長期の真っ只中。この年から「いざなぎ景気」が始まります。社員の平均年齢も若く、国民も企業も日本の発展を確信し、希望に溢れていました。

そんな時代に退職金制度は普及したわけですが、時代はそこから50年が経過。当時はSF映画のなかの世界だった携帯電話や薄型テレビ、電子メールは完全に普及し、ロボットが家事をしたり、車が自動運転される日も目前に迫っています。

この間に、日本では少子化が進み、世界でも類を見ない超高齢社会に突入。2025年には高齢化率が約30％に達すると予想されています。

企業の環境も、「Japan as Number One」といわれた時代を経験した後、現在はグローバル化のなか、先が見えない不安定な時代に突入。さらに非正規社員の比率が4割近くになり、労働のあり方も多様化しました。

　この50年で我々が生きる環境が激変したのは間違いありません。

　50年前の高度経済成長期に最適であった退職金制度という仕組みが、現在の環境でも最適なのでしょうか。普通に考えれば、それは考えにくいでしょう。

　多くの企業の退職金制度は、制度導入以来、一度も見直されていません。であれば、この機会にゼロベースで考えてみることが重要です。

　結論として、「採用などにおけるマイナスも考慮し、退職金制度はいままでどおり継続する」となっても問題ありません。

　そのような場合には、何を実現するために退職金制度を設けるのか、その目的を明確にしていただきたいと思います。

　退職金制度を運用するためには結構な資金が必要になりますから、価値あるものにしなければなりません。本項は以下の言葉を埋めていただくことで終わりとしましょう。

当社は

を実現するために退職金制度を設けます。

ステップ❽

退職金制度
(2)制度設計

▶在職中の貢献度の違いを仕組みとして反映させるべきか

そもそも**退職金制度は労働契約上、必要ではないもの**ですから、コンセプトが重要になります。

どのような目的のために、具体的にどういった退職金制度を導入するのか——。このコンセプトを決めるためには、以下の2つの事項を検討することになります。

Step 1　退職金に在職中の貢献度を仕組みとして反映させるべきか
Step 2　確定給付型と確定拠出型のいずれのタイプで制度設計するのか

じつはこの2つを検討するだけで、今後採用すべき退職金制度の選択肢をほぼ絞り込むことができます。

それでは、まず、「Step 1　退職金に在職中の貢献度を仕組みとして反映させるべきか」という論点について検討してみましょう。

皆さんは、次の事例についてどのように考えられるでしょうか？

質問

今年の年度末で2人の定年退職者が発生します。2人とも大卒入社の同期で、勤続年数は38年です。

A部長は非常に優秀な社員で、入社以来、順調に昇進昇格を繰り返し、45歳で営業部長に就任。当社の営業構造の構築に大きく貢献してくれました。

一方、B主任は、よくいえば職人気質で、非常に仕事熱心ではあるものの、部下をつけてもうまくいかず、最終的には主任で定年を迎えました。

このように会社への貢献度が異なる2人ですが、勤続年数が同じである以上、今回の定年退職金の支給額は同額にすべきでしょうか？ それとも在職中の貢献度を反映させ、A部長に多く退職金を支給すべきでしょうか？

皆さんの考えは、次の回答のどちらになるでしょうか？

| 在職中の貢献度を勘案し、A部長に多くの退職金を支給する | 勤続年数は同じなので、退職金に差をつけない |

この質問に対する正解はありません。この質問に対して、会社として、どのように考えるのか、議論を重ねることが、今後の退職金制度のコンセプトの明確化につながります。

企業のコンサルティング現場やセミナーで筆者がこの質問をすると、**9割超の企業が、「A部長に多くの退職金を支給する」**という回答を選択します。現在においては、**貢献度反映型の退職金制度が圧倒的多数派**となっています。

第4章 賞与制度・退職金制度はゼロベースから考える

その結果として、ポイント制などの貢献度反映型の退職金制度の導入が多くなっていますが、皆さんに考えていただきたいのは、むしろもう一方の意見です。

　「勤続年数は同じなので、退職金には差を設けない」という意見を選択した人に理由を尋ねると、「在職中の貢献度は毎月の給与や賞与で反映すれば十分であり、退職金にまで差を設ける必要はない」という回答が多く聞かれます。

　つまり、「勤続年数は同じなので、退職金には差を設けない」を選択した人も、貢献度を処遇に反映させることは必要だと考えています。「Ａ部長とＢ主任の生涯賃金が一緒というのはおかしい」という前提に立ったうえで、退職金に限定すれば、「一緒でもよいのではないか」という考え方をしているのです。

　この質問は、「会社と社員にとって、在職中の貢献度をどこで処遇に反映させるのが最もよいのか」という問いかけになります。
　この問いについて、しっかり考えることは、人事制度全体のコンセプトを明確にするうえでも非常に重要なのです。

　本項は以下のいずれかを選択することで終わりとしましょう。

退職金に 在職中の貢献度を 仕組みとして反映させる	退職金に 在職中の貢献度を反映させない

●確定給付型・確定拠出型の選択

続いて２つ目の論点、「Step 2　確定給付型と確定拠出型のいずれのタイプで制度設計するのか」を見ていきましょう。

制度設計における２大方針が確定給付型と確定拠出型になりますが、家づくりでいえば木造と鉄筋コンクリートのようなもので、それぞれにメリット・デメリットがあります（下表）。

確定給付型と確定拠出型の退職金制度の違い

	確定給付型	確定拠出型
特徴	実際に退職する際に支給される退職金の額が約束されるタイプの退職金制度	実際に退職時に支給される退職金の額は保証せず、その支払いに向けて毎月会社が積み立てる掛金等を約束するタイプの退職金制度
メリット	社員にとって ・実際に受給できる退職金支給額が計算できるので、ライフプランを立てやすい 会社にとって ・従来から多いタイプの制度であり、社員の納得感を得やすい	社員にとって ・掛金が外部拠出されるため、その金額が保全される 会社にとって ・積立不足など中長期的な財務上の負担が少ない
デメリット	社員にとって ・外部積立を行なわずとも導入できるため、その保全が十分になされない場合がある 会社にとって ・積立不足など中長期的な財務上の負担が大きい	社員にとって ・実際の受給額は運用により変動するため、安定性が低い 会社にとって ・毎月の掛金がキャッシュアウトする ・掛金＋運用が退職金となるため、制度が若干難しい
代表的な制度	最終給与比例方式 定額制 ポイント制	確定拠出年金（DC） 中小企業退職金共済（中退共）

前ページ表をご覧いただければわかるように、それぞれほぼ裏返しのような形で、メリット・デメリットが存在します。

　なかでも重要なポイントは、**企業の財務上の負担の大きさと、社員にとってのわかりやすさ**という2点です。この2点を中心に議論を進め、方向性を明確にしていただければと思います。

　ちなみに、**退職金制度は必ずしも1種類でなければならないということはありません。**

　たとえば、確定給付型のポイント制退職金制度と確定拠出型の確定拠出年金など、複数の制度を組み合わせることによって、リスク低減を行ないながら、最適な制度を目指すこともあります。

　ただし、**複数の制度を組み合わせる場合は、ある程度、退職金の支給水準が高くないと難しいのが現実**です。

　たとえば、満額の定年退職金が500万円の企業で、半分をポイント制、半分を確定拠出年金として制度構築しようとした場合、毎月の確定拠出年金の掛金が非常に低額になり、運営管理手数料が相対的に高くなって負担になる場合もあります。

　したがって、実際の制度設計の際は、**制度内容だけではなく、運用のしやすさや各種コストも勘案して進める**ようにしましょう。

　さて、皆さんは以下のどちらの仕組みを選択されたでしょうか？

確定給付型	確定拠出型

168

▶様々な退職金制度の特徴とメリット・デメリットを理解する

　以上、２つのステップを検討すると自社が選択すべき退職金制度の方向性が見えてきます。

　下表は、横軸が「Step 1　退職金に在職中の貢献度を仕組みとして反映させるべきか」、縦軸が「Step 2　確定給付型と確定拠出型のいずれのタイプで制度設計するのか」に対応しているので参考にしてください。

退職金制度選択マトリックス

	貢献度反映あり	貢献度反映なし
確定給付型	A象限 ①ポイント制退職金制度 ②別テーブル方式退職金制度	B象限 ③定額制退職金制度 ④最終給与比例方式退職金制度
折衷型	C象限 ⑤キャッシュバランスプラン	D象限 ⑤キャッシュバランスプラン
確定拠出型	E象限 ⑥確定拠出年金 ⑦共済利用確定拠出型退職金制度	F象限 ⑥確定拠出年金 ⑦共済利用確定拠出型退職金制度

　そもそも**日本の退職金制度は、表中で取り上げた①〜⑦までの７つの仕組みでほぼ包括することができ、それぞれが明確な特徴をもって**います。したがって、前述の２ステップを議論することで、今後の退職金制度の方向性がほぼ明確になるのです。

　たとえば、Step 1 で「貢献度反映あり」、Step 2 で「確定給付型」を選択した場合、A象限にある①ポイント制退職金制度か②別テーブル方式退職金制度のいずれかが最有力の選択肢となります。貢献度を仕組みに反映できない③定額制退職金制度は対象になりません。

169

となると、あとは有力候補である①ポイント制退職金制度と②別テーブル方式退職金制度の各制度の特徴を理解し、自社に合った制度を選択することになります。

ここでは話を単純化しているので、実際にはもう少し細かいことを議論する必要もありますが、大きな流れは以上のとおりです。

それでは表内で取り上げた7つの退職金制度について、それぞれの特徴をまとめることにしましょう。

①ポイント制退職金制度【貢献度反映あり型／確定給付型】

社内における貢献度を表わす資格等級等について、在籍1年当りのポイントを設定し、累積させる。

退職時にはその累積ポイントにポイント単価（10,000円など）を乗じて、退職金を計算する。

退職金＝累積ポイント×ポイント単価

特 徴

- 在籍中の貢献度を、その経過も含めて退職金支給額に反映することができる
- その反面、ポイントの管理が煩雑

②別テーブル方式退職金制度【貢献度反映あり型／確定給付型】

退職金算定基礎額に、勤続年数に対応した支給係数を乗じて退職金を計算する。

その際、退職金算定基礎額を、社内における貢献度を表わす資格等級等に対応させて設定する（一般社員は200,000円、管理職は300,000円など）ことにより、在職中の貢献度が退職金支給額に反映される。

$$退職金＝資格等級別退職金算定基礎額×勤続年数に対応した支給係数$$

特 徴

- 在籍中の貢献度を退職金支給額に反映することができるが、退職時の資格等級等により算定基礎額が決まってしまうことから、昇格等の経過を反映することができない

  例：同じ部長の定年退職の場合、40歳で部長に昇進しても、58歳で昇進しても、勤続年数が同じであれば退職金は同額になる

- その反面、社員の履歴管理をせずとも運用することができるため、貢献度反映型の退職金制度を手軽に導入することができる

③定額制退職金制度【貢献度反映なし型／確定給付型】

　勤続年数に対応して退職金の支給額を設定する、最もシンプルな退職金制度。

$$退職金＝勤続年数に対応した支給額を決定$$

特 徴

- 勤続○年でいくらと勤続年数のみで退職金支給額が決定されるので、わかりやすく、運用も簡単
- 在職中の貢献度は一切反映されないため、差をつける場合には、別途、功労加算金を支給することがある

④最終給与比例方式退職金制度【貢献度反映なし型／確定給付型】

　退職時の基本給などに、勤続年数に対応した支給係数を乗じて退職金を計算する、わが国で最も普及した退職金制度。基本給等の給与が貢献度に基づいて設定されていれば貢献度反映型ということもできるが、一般的に基本給は年功的に運用されていることが多いことから、

171

貢献度反映なし型に区分している。

> 退職金＝退職時の基本給×勤続年数に対応した支給係数

特 徴

- 計算方法は簡単で、かつ多くの企業で採用されている方式のため、安心感がある
- 基本給は定期的な人事制度改革のなかでその支給額が変動することがあるが、そのたびに退職金も影響を受けることになる
- 基本給等と連動しているため、政策的に退職金の支給を行なうことが難しい

⑤キャッシュバランスプラン【貢献度反映双方対応型／折衷型】

　社員ごとに設定した個人別仮想口座に掛金を拠出し、一定のルールに基づき、そこに利息を付与することで給付額を算定する退職金制度。この制度を採用する場合には、確定給付企業年金（ＤＢ）を活用する。

> 退職金（給付額）＝拠出金累計＋利息

特 徴

- 確定給付型と確定拠出型の双方の特徴を、いいとこ取りした制度であり、厚生年金基金などでよく採用されている
- 仕組みは複雑であり、また運用に当たっての手数料なども比較的高額になる。どちらかといえば中堅企業から大企業向けの制度と考えられる
- 掛金の設定方法次第で、貢献度反映あり型としてでも貢献度反映なし型としてでも運用できる
  　例：資格等級別で掛金を設定すれば貢献度反映あり型に、全員一律や勤続年数に応じた設定を行なえば貢献度反映なし型となる

⑥確定拠出年金【貢献度反映双方対応型／確定拠出型】

　社員ごとに設定した個人別仮想口座に掛金を拠出し、それを社員が自己責任により運用する制度。この制度を採用する場合には、金融機関等との契約を行なうことが必要になる。

$$退職金（給付額）＝拠出金累計±自己責任による運用$$

特　徴

- 近年、採用が増加しており、2016年5月末現在で、実施事業主数（企業型）は23,059社、加入者数は約578万人となっている
- 社員の自己責任による運用という点で難しいと判断する経営者が多いが、実際に導入してみると、この点が問題になることはそれほど多くない
- 原則として満60歳まで途中引き出しができないという点をどう評価するのかが、選択の際の最大のポイントとなる
- 掛金の設定方法次第で、貢献度反映あり型としてでも貢献度反映なし型としてでも運用できる

⑦共済利用確定拠出型退職金制度【貢献度反映双方対応型／確定拠出型】

　中小企業退職金共済（中退共）などの共済と契約し、毎月の掛金を設定したうえで拠出していく。その掛金に一定の運用がついたものが退職金となる。

$$退職金（給付額）＝掛金累計＋一定の運用利回り$$

※短期での退職の場合は掛金累計よりも給付額が少なくなる場合もある

特　徴

- 中退共などの共済を活用するため、仕組みが簡単で、小規模企業でも導入が可能。ただし、制度設計においてはあまり柔軟な仕組みをつくることができない

- 退職金共済には様々な制度があるが、それぞれ制度内容や運用の状況に差があるため、それらを理解したうえで導入することが重要
- 掛金の設定方法次第で、貢献度反映あり型としてでも貢献度反映なし型としてでも運用できる。ただし、中退共で掛金を減額する場合は本人の同意が必要となる

▶退職金制度の代表選手「ポイント制退職金制度」

複数ある退職金制度のなかから、ここでは、**近年の退職金制度改定のなかで最もスタンダードな**「ポイント制退職金制度」の内容と制度設計の方法を見ていきます。

ポイント制退職金制度は、**在職中の貢献度を仕組みとして退職金支給額に反映させる**ものですから、まずは在職中の貢献度を表わすものにポイントを設定します。

一般的には、社内の資格等級についてポイントを設定する資格等級ポイントがその柱となります。具体的には以下のように設定します。

資格等級ポイント

資格等級	資格等級ポイント
管理職	25ポイント
リーダー	15ポイント
ベテラン	10ポイント
担当者	5ポイント
新人	3ポイント

今回は1ポイントの単価を10,000円で想定しているので、「新人」の等級で1年間在籍すれば3ポイント＝30,000円の退職金を受ける権

利を付与するという意味になります。

このポイントが「担当者」に昇格すれば5ポイント、「ベテラン」に昇格すれば10ポイントと増えていくのです。

もう、おわかりですね。**早く昇格し、より貢献度の高い等級に長く在籍すれば、それだけポイントは多くなり、退職金も高額になる**という仕組みです。

このポイントの設定では、それぞれの資格等級の貢献度の高さに見合ったポイント数をいろいろ試算しながら決めていくことになります。

基本的には昇格が難しく、貢献度の差が大きなところではポイントの差も大きく（表内の例ではリーダーから管理職への昇格の際にポイントの差が10ポイントと大きい）し、逆に自動昇格のようなところはポイントの差を小さく（新人から担当者への昇格の際にはポイントの差が2ポイントと少ない）するといったことを検討します。

もし資格等級ポイントだけで退職金制度を構築して問題がなければ、それでよいのですが、資格等級ポイントは等級ごとに一定のポイントを積み上げるものなので、退職金の**カーブが直線的**になります。

しかし、多くの企業の退職金のカーブは、最初は抑え目となっており、勤続年数が20年くらいになる頃からカーブが反り上がり、勤続35年以降あたりはカーブが横に寝るという**S字カーブ**での設計がされています。

そのような場合、資格等級ポイントのみの設計では、新旧の退職金のカーブが大きく乖離してしまい、（最終の定年退職金の水準が同じであったとしても）若手を中心に退職金の水準が大幅に引き上げられ

175

勤続ポイント

勤続	単年P	累積P	勤続	単年P	累積P
1年	0	0	22年	15	170
2年	0	0	23年	15	185
3年	5	5	24年	15	200
4年	5	10	25年	15	215
5年	5	15	26年	15	230
6年	5	20	27年	15	245
7年	5	25	28年	15	260
8年	5	30	29年	15	275
9年	5	35	30年	15	290
10年	5	40	31年	5	295
11年	10	50	32年	5	300
12年	10	60	33年	5	305
13年	10	70	34年	5	310
14年	10	80	35年	5	315
15年	10	90	36年	0	315
16年	10	100	37年	0	315
17年	10	110	38年	0	315
18年	10	120	39年	0	315
19年	10	130	40年	0	315
20年	10	140	41年	0	315
21年	15	155	42年	0	315

てしまうという問題が発生することがあります。そこで、この場合は、**勤続ポイントを設定し、カーブを意図的に曲げる**ことになります。

　上表をご覧ください。このケースでは、一般的に退職金の最低支給年数である満３年からポイントが付与されていますが、当初は５ポイントと少ないポイントからスタートし、それが勤続満11年目から10ポ

勤続ポイントの推移

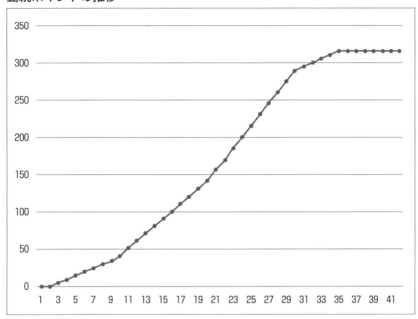

イント、21年目から15ポイントに引き上げられ、31年目からは5ポイント、36年目以降は0ポイントと付与ポイントが減少しています。

　上のグラフを見ると、カーブがS字になっていることがわかると思います。**資格等級ポイントにこの勤続ポイントを加えることにより、退職金カーブを従来型のS字に近づけることができます。**

　具体的な制度設計においては、昇格のスピードが異なる複数のモデルを設定し、次ページ「モデル退職金」のようにシミュレーションを行ないながら、最適なポイントを設定していきます。

　今回は資格等級ポイントと勤続ポイントという最もオーソドックスなポイントでの制度設計を紹介しましたが、近年は毎年の人事評価の

モデル退職金

勤続年数	モデル①管理職	資格等級単年度	ポイント累計	ポイント合計	退職金支給額	モデル②リーダー	資格等級単年度	ポイント累計	ポイント合計	退職金支給額	モデル③一般	資格等級単年度	ポイント累計	ポイント合計	退職金支給額
1	新人	0	0	0	¥0	新人	0	0	0	¥0	新人	0	0	0	¥0
2	新人	0	0	0	¥0	新人	0	0	0	¥0	新人	0	0	0	¥0
3	新人	3	3	8	¥80,000	新人	3	3	8	¥80,000	新人	3	3	8	¥80,000
4	新人	3	6	16	¥160,000	新人	3	6	16	¥160,000	新人	3	6	16	¥160,000
5	担当者	5	11	26	¥260,000	担当者	5	11	26	¥260,000	新人	3	9	24	¥240,000
6	担当者	5	16	36	¥360,000	担当者	5	16	36	¥360,000	担当者	5	14	34	¥340,000
7	担当者	5	21	46	¥460,000	担当者	5	21	46	¥460,000	担当者	5	19	44	¥440,000
8	担当者	5	26	56	¥560,000	担当者	5	26	56	¥560,000	担当者	5	24	54	¥540,000
9	担当者	5	31	66	¥660,000	担当者	5	31	66	¥660,000	担当者	5	29	64	¥640,000
10	ベテラン	10	41	81	¥810,000	担当者	5	36	76	¥760,000	担当者	5	34	74	¥740,000
11	ベテラン	10	51	101	¥1,010,000	担当者	5	41	91	¥910,000	担当者	5	39	89	¥890,000
12	ベテラン	10	61	121	¥1,210,000	担当者	5	46	106	¥1,060,000	担当者	5	44	104	¥1,040,000
13	ベテラン	10	71	141	¥1,410,000	ベテラン	10	56	126	¥1,260,000	担当者	5	49	119	¥1,190,000
14	ベテラン	10	81	161	¥1,610,000	ベテラン	10	66	146	¥1,460,000	担当者	5	54	134	¥1,340,000
15	リーダー	15	96	186	¥1,860,000	ベテラン	10	76	166	¥1,660,000	担当者	5	59	149	¥1,490,000
16	リーダー	15	111	211	¥2,110,000	ベテラン	10	86	186	¥1,860,000	担当者	5	64	164	¥1,640,000
17	リーダー	15	126	236	¥2,360,000	ベテラン	10	96	206	¥2,060,000	担当者	5	69	179	¥1,790,000
18	リーダー	15	141	261	¥2,610,000	ベテラン	10	106	226	¥2,260,000	担当者	5	74	194	¥1,940,000
19	リーダー	15	156	286	¥2,860,000	ベテラン	10	116	246	¥2,460,000	担当者	5	79	209	¥2,090,000
20	リーダー	15	171	311	¥3,110,000	ベテラン	10	126	266	¥2,660,000	担当者	5	84	224	¥2,240,000
21	リーダー	15	186	341	¥3,410,000	ベテラン	10	136	291	¥2,910,000	ベテラン	10	94	249	¥2,490,000
22	リーダー	15	201	371	¥3,710,000	ベテラン	10	146	316	¥3,160,000	ベテラン	10	104	274	¥2,740,000
23	リーダー	15	216	401	¥4,010,000	リーダー	15	161	346	¥3,460,000	ベテラン	10	114	299	¥2,990,000
24	リーダー	15	231	431	¥4,310,000	リーダー	15	176	376	¥3,760,000	ベテラン	10	124	324	¥3,240,000
25	管理職	25	256	471	¥4,710,000	リーダー	15	191	406	¥4,060,000	ベテラン	10	134	349	¥3,490,000
26	管理職	25	281	511	¥5,110,000	リーダー	15	206	436	¥4,360,000	ベテラン	10	144	374	¥3,740,000
27	管理職	25	306	551	¥5,510,000	リーダー	15	221	466	¥4,660,000	ベテラン	10	154	399	¥3,990,000
28	管理職	25	331	591	¥5,910,000	リーダー	15	236	496	¥4,960,000	ベテラン	10	164	424	¥4,240,000
29	管理職	25	356	631	¥6,310,000	リーダー	15	251	526	¥5,260,000	ベテラン	10	174	449	¥4,490,000
30	管理職	25	381	671	¥6,710,000	リーダー	15	266	556	¥5,560,000	ベテラン	10	184	474	¥4,740,000
31	管理職	25	406	701	¥7,010,000	リーダー	15	281	576	¥5,760,000	ベテラン	10	194	489	¥4,890,000
32	管理職	25	431	731	¥7,310,000	リーダー	15	296	596	¥5,960,000	ベテラン	10	204	504	¥5,040,000
33	管理職	25	456	761	¥7,610,000	リーダー	15	311	616	¥6,160,000	ベテラン	10	214	519	¥5,190,000
34	管理職	25	481	791	¥7,910,000	リーダー	15	326	636	¥6,360,000	ベテラン	10	224	534	¥5,340,000
35	管理職	25	506	821	¥8,210,000	リーダー	15	341	656	¥6,560,000	ベテラン	10	234	549	¥5,490,000
36	管理職	25	531	846	¥8,460,000	リーダー	15	356	671	¥6,710,000	ベテラン	10	244	559	¥5,590,000
37	管理職	25	556	871	¥8,710,000	リーダー	15	371	686	¥6,860,000	ベテラン	10	254	569	¥5,690,000
38	管理職	25	581	896	¥8,960,000	リーダー	15	386	701	¥7,010,000	ベテラン	10	264	579	¥5,790,000
39	管理職	25	606	921	¥9,210,000	リーダー	15	401	716	¥7,160,000	ベテラン	10	274	589	¥5,890,000
40	管理職	25	631	946	¥9,460,000	リーダー	15	416	731	¥7,310,000	ベテラン	10	284	599	¥5,990,000
41	管理職	25	656	971	¥9,710,000	リーダー	15	431	746	¥7,460,000	ベテラン	10	294	609	¥6,090,000
42	管理職	25	681	996	¥9,960,000	リーダー	15	446	761	¥7,610,000	ベテラン	10	304	619	¥6,190,000

結果も退職金に反映させたいという考えから**人事評価ポイントを設定する例も増えています**。

これは等級別・人事評価別のマトリックスを作成し、ポイントを加算するというものですが、筆者としてはこの人事評価ポイントは、
①**制度の管理が煩雑になる**
②**単年度の人事評価結果はその年の給与や賞与に反映したほうが効果的である**
という理由から、企業関係者に対して積極的に提案することはあまりありません。

それでも、退職金制度の考え方は企業ごとに様々ですから、「自社においては効果がある」と判断する場合は、選択肢の1つに加えてみてもよいでしょう。

モデル別ポイント制退職金グラフ

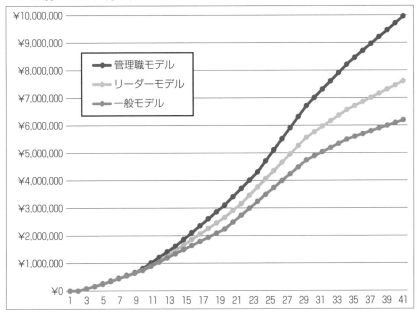

▶制度改定の際に重要となる既得権と期待権

　最後に**不利益変更の問題**を取り上げます。退職金は様々な労働条件のなかでも最も重要なものの1つであることから、改定は慎重に進めてください。

　すべての社員の退職金が従来よりも増えるのであれば問題ありませんが、多くの場合、退職金の総額は従来と大きく変わらないものの、個別に見ていくと、増額になる者がいる一方、減額になる者もいるケースがよくあります。

　そのような場合の対応としては、**制度改定前の過去の旧制度の期間（いわゆる既得権）についてはその支給額を保証し、そのうえで今後の退職金のカーブに移行するのが基本**になります。

　これをポイント制に当てはめると、制度改定前日時点における旧退職金制度における退職金支給額をポイント単価で割り、ポイント化（既得権ポイント）し、この既得権ポイントの上に今後のポイントを累積させていくことになります。

　そのうえで、原則として社員の同意を得ていきますが、退職金制度改定時の同意のレベルについては、下記のとおり**最高裁より非常に厳しい判決が出されている**ので、確認しておくことをお勧めします。

就業規則に定められた賃金や退職金に関する労働条件の変更に対する労働者の同意の有無については，当該変更を受け入れる旨の労働者の行為の有無だけでなく，当該変更により労働者にもたらされる不利益の内容及び程度，労働者により当該行為がされるに至った経緯及びその態様，当該行為に先立つ労働者への情報提供又は説明の内容等に照らして，当該行為が労働者の自由な意思に基づいてされたものと認めるに足りる合理的な理由が客観的に存在するか否かという観点からも，判断されるべきものと解するのが相当である。

（最判平成28年2月19日）

第5章 人事評価制度を通じて会社の考えを社員に伝える

ステップ❾

人事評価制度

▶何のために人事評価を行なうのか

　ここまで報酬制度の設計を進めてきましたが、最後にして最大の山場となるのが人事評価制度です。

　なぜなら、**人事評価は、人事制度における永遠の課題であり、最も正解がない分野**だからです。

　それだけに、人事評価制度については表面的なテクニックではなく、その本質をしっかりと見つめ、皆さんの考えをまとめておいていただきたいと思います。

　それでは、以下の質問について、数分間考えてみてください。

質問

人事評価は何のために行なうのでしょうか？
人事評価を行なうことで、どのようなよいことがあるのでしょうか？

いかがでしたでしょうか？　様々な考えや目的が浮かんだことでしょう。

最初に浮かんだのは、「頑張っている社員とそうではない社員を評価し、その貢献度に見合った処遇を行なうため」という目的だったのではないでしょうか。

たしかにこれは間違いありません。ですが、それだけでしょうか。

「貢献度に見合った処遇を行なうため」という目的は、あくまでも副次的なものであって、人事評価の本当の目的ではないと筆者は考えます。

人事評価制度には、それ以外にも以下のような目的があるとされています。

---

①社員に期待される仕事のレベルや必要とされる能力を伝えることによって、人材育成を行なうため

②会社や部門の目標・計画を共有し、その進捗を管理することによって、目標達成を促進するため

③社員の強み・弱みを把握することによって、適材適所を実現するため

④人事評価に基づく定期的な面談を行なうことによって、組織内のコミュニケーションを充実させるため

これらのことを通じて、より強い組織をつくり、安定的な事業運営を実現するために人事評価制度があります。

したがって、人事評価制度を構築する際には、内容がこうした目的の実現につながっているかどうかを検証しながら進めることが重要です。

もっとわかりやすい言葉で表現するのであれば、**人事評価を実施するからには、社員が成長し、会社がよくならなければならないのです。**

この点は忘れないようにしておいてください。

▶人事評価制度の前提となる会社のビジョン

以上のように考えると、人事評価の前提としては、「**会社がどうありたいのか**」というビジョンがなくては始まりません。

ビジョンとは、会社の経営理念に基づき、今後会社はこうなりたいという姿のことをいいます。

たとえば、皆さんは5年後にどんな会社をつくりたいでしょうか。売上や利益はどのような状態でしょうか。社会に対して、どのような価値を提供しているでしょうか。社員はどのような状態になっているでしょうか。業界や地域におけるポジションはどのようになっているでしょうか。

こうしたことを社内で議論し、文字通り「視覚化」していきます。

会社のビジョンは明確になっていますか。もしはっきりしていないのであれば、ここで明確化しておきましょう。

会社のビジョンに基づかない人事評価制度は、机上の空論であり、むしろ方向性がふらつくことで、社員に混乱を与えます。

人事評価制度では、「**こんな会社をつくりたいから、社員の皆さんにはこうした行動を期待したい**」と明快かつシンプルに示すことが重要です。

●会社の経営計画達成を促進する「成果評価」のつくり方

　人事評価制度というと、何か特別なものという印象が強いようですが、**必要以上に難しく考えることはありません。**

　会社のビジョンが明確になったら、それを達成するための計画をつくることになります。これが**経営計画**です。

　たとえば、単年度の経営計画であれば、今期末に達成すべき目標（ゴールの姿）があり、それに向けた実施タスクがまとめられるわけです。
　この全社計画が部門に落とし込まれて**部門計画**となり、それがさらに**個人の目標や役割**として落とし込まれることになります。
　これにより、社員は自分が何をすべきかを理解することができ、同時に自らの行動が会社の目標達成につながっていくことを実感できます。まずはここが重要です。

　人事評価では、結果の「査定」以上に、あらかじめ社員に達成すべき目標や役割の明示に価値を置くことが重要です。
　個々の社員への役割分担をあらかじめ示し、ＰＤＣＡによってより高い確率で経営計画の達成を図ることが必要なのです。
　人事制度は、社員の納得のためだけに行なうのではありません。経営計画をより円滑に進めるために活用していかなければなりません。

　このように単年度で個人が達成すべき目標や行動などを評価することを、**成果評価**と呼びます。個人としてどのような役割を担っているのかを定め、その取組み状況や結果を評価するのです。

　ここにおいて求めるべき成果（目標）が定量的なものであれば、そ

の達成度は簡単に測ることができます。しかし、**現実的にはすべての目標を定量化し、数値で表わすことは困難です。**

無理して数値目標を立てようとすると、本当に目標とすべき重要事項ではなく、数値化しやすい別の目標が掲げられるという問題が発生します。

無理して数値目標を挙げるのではなく、定性的な目標でもかまわないので、「本当にやるべき事項」を目標として設定しましょう。

ただし、その場合は、「求めるべきゴールの姿」が、状態として明確に認識できるようなものにします。

その目標が達成されたときの「絵」は目に浮かびますか？

▶先行指標を評価することで高確率での目標達成を支援する

成果評価を行なう際には、求めるべき成果を明確化して、その達成状況を評価することが重要ですが、それだけでは不十分です。

安定的に求めるべき成果を出し続けるためには、そのプロセスも注目しなければなりません。

そこで、成果評価を構築する際には、**成果につながる1つ前の行動を先行指標として設定し、**評価することが重要です。

たとえば、営業における粗利目標の達成には、既存顧客からの紹介やリピートを増やすという行動が重要です。

紹介やリピートをいただける顧客は、通常、顧客満足度が高いという仮説が立ちます。であるとすれば、継続的に顧客アンケートを実施し、その結果を先行指標として成果評価の要素に入れるということが考えられます。

具体的には、顧客の満足度に関するアンケート調査を実施したうえ
で、紹介やリピートに最もつながりやすい5段階評価の「5」という
評価をつけた顧客の割合（トップボックス比率）の目標を定め、評価
の対象とするとよいでしょう。

最終的な成果は様々な外的要因に左右されるので、コントロールが
なかなかできません。それだけに**結果だけを見る人事評価制度は社員
のモチベーションを下げる危険性**もはらんでいます。

しかし、成果につながる1つ前の行動は、日々の習慣によって改善
が可能ですし、その質が高まっていけば、結果的にはより高い確率で
成果を得ることができるようになります。
社員としても、その取組みを評価してもらえることになるので、評
価に対する満足度も向上します。

このように考えると、成果評価実施におけるポイントは、

①最終的に求めるべき成果・目標をビジュアル化する
②成果につながる先行（プロセス）指標を設定し、それを管理する

ということになるでしょう。

第5章 人事評価制度を通じて会社の考えを社員に伝える

187

▶「時価評価」で人材力を向上させる

　企業の評価を行なう際には決算書が用いられます。決算書には損益計算書（P／L）と貸借対照表（B／S）があり、この2つを多面的に分析し、企業価値を測定します。

　人事評価制度も同じで、決算書における**損益計算書（P／L）に当たるのが成果評価**であり、**貸借対照表（B／S）に当たるのが時価評価**となります。

2つの人事評価

時価評価 B/S	成果評価 P/L
・能力の高さや役割の大きさなど、その人材の基本的な価値・貢献度を評価する ・各等級において求められる期待水準を明示し、人材育成のペースとなる ・主として昇給、昇格に反映	・1年間もしくは半年間の業績や職務遂行状況を評価する ・目標管理制度もしくは業務状況をチェックするような仕組みを用いることが通常 ・主に賞与に反映

　貸借対照表は、会社としてどれだけの資産と負債、そして資本をもっているのか、つまり会社の基本的な体力を表わすものです。

　これを人材に置き換えるとすれば、この社員はどのような能力や強みがあり、一方、どのような弱みがあるのか、またどのような役割を

188

抱えているのかなど、その社員の基本的な価値や貢献度を評価します。

この点については、34ページの「ステップ2　等級制度の整備」のなかで**各資格等級における期待事項**をまとめています。これを評価することによって、社員の能力向上等を促進するのが**時価評価**なのです。

1人ひとりの社員に、会社はどのような能力や役割を期待し、その現状はどうなのか。その状況を改善するためにはどのような勉強や経験が必要なのかを考え、社員に伝えていくことが重要です。

そして、期末にはその成長を一緒に確認し、その頑張りをしっかり認める（承認）ことを心がけるようにしてください。

第5章　人事評価制度を通じて会社の考えを社員に伝える

●中小企業の人事評価制度は社長がキーマン

　前述したとおり、人事評価には、**時価評価**と**成果評価**という、目的が異なる２つの制度があります。

　それらの具体的な評価方法については様々な手法があり、**成果評価**においては**目標管理制度**がよく採用されます。
　一方、**時価評価**については、能力・役割・行動などの期待事項をチェックリストなどを用いてチェックするのが一般的です。

　しかし、**中小企業の場合は、社長や管理職が社員の状態を把握できているケースが少なくありません。**
　そのような場合には、各種ツールをつくり込むのではなく、把握している状態を評価し、会社としての考えを社員に直接伝えていくことが重要です。

　その際、社員の人事評価結果に対する納得性を上げ、次の行動へのやる気につなげるためには、人事評価の理由を明確にするのが不可欠です。
　人事評価のフィードバックとして、「よくやった」であるとか、「頑張った」という表現が用いられることがありますが、これは完全なNGワードです。なぜなら、これらはいずれも主観的な表現であり、事実ではありません。

　Aという社員の人事評価を行なった際、ある上司は「よくやった」と思う一方で、別の上司は「彼のレベルであれば当然」と思うことがあります。つまり、「よくやった」は、その評価者の主観的な印象でしかないのです。

主観的な印象を人事評価に持ち込んでしまうと、状況は混乱します。人事評価を行なう際は、客観的な事実を持ち寄り、会社としての評価を下すことが欠かせません。

その際に知っておいていただきたいのが、**ＰＤＲの視点**です。これは人事評価における評価対象事実を抽出する際の公式で、以下の英単語の頭文字を取ったものです。

Plan	何を企画したのか。何に気づいたのか
Do	どのような行動を取ったのか
Result	どのような結果が出たのか

たとえば、給与計算業務の改善を例に挙げれば、以下のように評価対象事実を抽出していきます。

Plan	給与計算にミスが多いのは、各部門から提出させる勤怠等の集計表に問題があると考え、
Do	集計表のフォーマットを見直したうえで、各部門の管理者に対して、個別の説明とお願いをした結果、
Result	給与計算のミスが前年対比で80%減となった

こうした事実を各評価者で持ち寄り、人事評価を決定します。

また、社員に人事評価結果を伝える際も、この評価対象事実をフィードバックし、承認と改善に向けた話し合いをしていきます。

この場合、上司が部下の行動や成果が見えていなければ、正しい評価を行なうことはできません。それを補完するためには、次のようなオプションの実施も検討するとよいでしょう。

191

【オプション1】自己申告

本人から、今年1年間頑張ったことや上司に知ってほしいことなどを申告させます。

また、**次年度への目標や考えも合わせて聞くこと**で、その後の面接に活かすこともできます。

【オプション2】同僚推薦

オプション1の自己申告のなかに、同僚推薦の欄を設け、推薦者の名前とその理由を記載させます。

特にここで知りたいのは、**地味ながらも組織力の向上などに貢献した社員の情報**です。

たとえば、朝、他の社員よりも少し早く出社し、コピー用紙の補充をしたり、困っている後輩がいた場合には自ら率先して声かけをして、そのサポートをしていたりといった行動は、非常に大切なことながら、上司の目にはなかなか入らないものです。

こうした事実を把握して、人事評価に反映させることが重要です。

▶人事評価の納得性を上げるのは「人事評価表の出来」ではない

そもそも**人事評価については社員からの不信感が強い**ものです。

日本経済新聞社とNTTコムリサーチによる「人事評価に関する意識（2015年3月）」という調査によれば、人事評価の仕組みについて、「不満」と「どちらかというと不満」という回答が37.8％となり、「満足」と「どちらかというと満足」という回答の19.0％を大きく超えて

います。

　このように社員の不満が多い人事評価制度ですが、同調査からその不満の理由を見てみると下図のようになっています。

　不満の2トップは、「**評価基準が明確に示されていない**」と「**評価者の好き嫌いで評価されてしまう**」となっています。

人事評価の仕組みに対する不満の理由

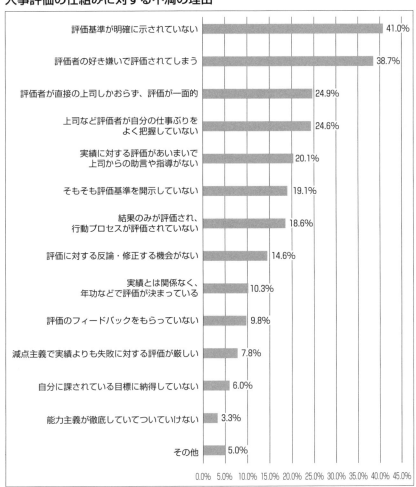

出所　日本経済新聞社・NTTコムリサーチ「人事評価に関する意識（2015年3月）」

これらの点についてはここまでで何度もお伝えしてきたとおり、会社からの期待事項を伝えるのが人事評価制度の最大の目的であり、主観ではなく、事実に基づいて評価をするというスタンスで対応すれば解消できる問題です。

それ以外の項目についても、人事評価表がどうこうという問題ではありません。コミュニケーションを充実させるなど、社員がよりよい仕事ができる環境を提供し、その仕事ぶりを率直に話し合うことで解消できるものがほとんどです。

中小企業においては、詳細な人事評価表のつくり込みに力を入れるのではなく、以下の3点を最重要ポイントとして考えましょう。

①期待事項の明示
②印象ではなく事実に基づいた評価とフィードバック
③十分なコミュニケーション

徐々に企業規模が大きくなり、上記ポイントを押さえるだけでは人事評価の目標を達成することができない状態になったら、少しずつ詳細なツールを整備し、その状況を補完することが望まれます。

第**6**章

新しい人事制度を就業規則にまとめ、社員に説明する

ステップ⑩

規程整備と社員説明

▶新制度を規程にまとめよう

①〜⑨までのステップで新人事制度の設計はほぼ完了しました。

最後に、これらの内容を規程や説明書としてまとめ、社員に説明・浸透させるというミッションが残っています。

規程の整備と社員説明で手を抜いてしまったら、すべてはぶち壊しになります。しっかりと作戦を練って進めていきましょう。

まず規程の整備ですが、人事制度改定を受け、以下のような規程の整備・見直しが必要となります。

○ 必ず整備・見直しが必要な規程
- 賃金規程
- 退職金規程

△ 必要に応じて整備・見直しが必要な規程
- 就業規則
- 資格等級制度運営規程
- 人事評価制度運用規程　など

これらの規程を整備したら、まず**社員説明会**などを通じて社員に周知します。

その後、従業員代表からの意見書を受領したうえで、所轄の労働基準監督署に届出を行ないます。

なお、**就業規則については、法改正などに対して随時対応しているだけでは「職場を取り巻く環境変化」に対応できているとはいえません**。いざトラブルになったとき、問題が発生することがあります。

職場を取り巻く環境は、過去10年で以下のように大きく変わりました。

□オフィスでは、インターネットに常時接続されたパソコンがほぼ全社員に提供されている
□ほぼ全社員が携帯電話やスマートフォンを保有している
□LINEやfacebook、twitterなどのSNSが広く普及している
□うつ病などのメンタルヘルス不調者が急増している
□育児や介護などを抱えながら仕事を両立している社員が急増している
□個人情報などの情報セキュリティの問題が重要性を増している
□弁護士、ユニオンなどの専門家が絡んだ労働トラブルが急増している　など

就業規則は、このような職場環境の変化に対応し、随時その内容や運用を見直していかなければなりません。

過去10年以内に法改正への対応以外、就業規則の抜本的な改正を行なっていない企業は、この機会に就業規則の全面的なチェックをすることをお勧めします。

▶社員への説明は、まず管理職から

　人事制度改革の最後にして最大の山場、それが社員説明です。**説明会の場で、新制度の意味や目的を社員に浸透させることができるかどうかによって、今後の命運が決まる**と思ってください。

　筆者は日頃、コンサルタントとして企業の人事制度策定の支援を行なっていますが、同時に社内では社員数450名の名南コンサルティングネットワークの人事担当役員として、自社の人事制度の構築と運用を担当しています。

　そのような実務を通じ、多くの企業で感じるのは、会社が時間と手間をかけてつくり込んだ人事制度であるにも関わらず、それが当事者である**社員に理解されていないことがあまりに多い**ということです。
　言うまでもなく、そのような状態では人事制度は会社が想定したレベルで機能するわけがありません。

　本書でも見てきたように、すべての人事制度には、それこそ諸手当の１つひとつにまで、会社としての意味が込められています。
　なぜ資格等級制度があるのか。役職手当はどのような目的で支給されているのか。人事評価制度は何を狙って実施されるのか。
　そうした人事制度の目的や狙い、そのすべての内容が社員に理解されていなければ、まったく意味はありません。
　しかし、現実にはこれがなかなかできていないのが実情ではないでしょうか。

　ですから、この**社員説明のフェーズが非常に重要**なのです。
　社員説明のスケジュールですが、仮に４月１日に新人事制度を施行

させるとした場合、通常は1月上旬頃までの取締役会で新制度の承認を受けたうえで、1月下旬頃にはまず管理職向けの説明会を開催します。

管理職向けの説明会には、以下の2つの目的があります。

> ①今後、社員から新人事制度に関する質問を受けた際、会社の考えに基づいてしっかりとした説明ができるように、各制度の背景や狙いなど、一般社員向けの説明会よりも詳細な内容を説明する
> ②新人事制度の施行に当たり、会社側で気づいていない運用上の課題などを現場の管理職から指摘してもらい、必要に応じて修正を行なう

全社員を集める一般社員向けの説明会は、どうしても時間の制約があります。また、その場で質問をする社員もあまり多くないケースが一般的です。

それだけに新制度への理解が十分に進まないことがよくあります。

新制度の背景や運用の詳細などについて、事前に管理職に伝えておき、各部門での会議で追加説明をさせたり、また社員からの個別の質問に適切に対応させることが重要です。

間違っても管理職に、「会社が決めたことだから、俺はよくわからないんだよね」というような無責任なことを言わせてはいけません。

管理職が、経営者と一体の立場でしっかりと説明ができるようにしておくことが重要です。

また、**時間をかけて整備した人事制度であっても、意外に見落としていることがあったりします**。

　たとえば、期中に部門を異動した社員の人事評価の実施方法や過去に存在したローカルルールの適用を受けている個別の社員の取扱いといった細かい問題が、このタイミングで噴出することがあります。

　こうした運用レベルの課題は、現場の管理職が気づくことも少なくないため、管理職説明会で、運用に向けた現場の課題がないか確認しておくとよいでしょう。

▶社員説明会実施の際のポイント

　管理職説明会を経て、2月には一般社員向けの説明会を開催します。ここで重要なのは、**必ず社長が説明を行なうことです。**

　もちろん制度の詳細については総務部長などからでもかまいませんが、新人事制度のコンセプトに関する以下の事項については、必ず社長から直接社員に語りかけるようにしてください。

> ①人事制度見直しの理由
> ②今後の会社の方向性、ビジョン
> ③新人事制度の狙いと社員への期待事項
> ④新人事制度の重点ポイントとその目的
> ⑤疑問や質問については会社として誠実に対応すること

　人事制度の説明会というと、いきなり賃金制度や人事評価制度の詳細説明に入るケースが見られます。しかし、そんな話よりも重要なのは、人事制度の背景にある**会社の想いを社員に伝えること**です。

　もしここが十分に伝わらないまま制度の詳細を話したとしても、社員の関心は「自分の給料がどうなるのか？」という程度にとどまってしまいます。考えようによっては、**人事制度改革のすべてのタスクで最も重要なのが説明会**かもしれません。社員にわかりやすい言葉で語りかけるようにしましょう。

　その際の資料ですが、細かい文字がびっしりと書かれた資料では、社員に威圧感を与えてしまうので避けます。

　社長からコンセプトを説明するときは、次ページ図のようなキーワードだけが書かれたPowerPointのスライドを使って行なうとよいでしょう。

社員説明会資料（コンセプト）イメージ

　また、**当日は資料を配付せず、要点をスクリーンに投影して説明し**たほうが、社員の目線も説明者である社長に向くのでお勧めです。

　コンセプト説明の後は、人事制度の詳細な内容説明に入ります。
　内容の説明もできれば社長が行なうのがベストですが、現実的には制度設計の中心メンバーだった総務部長クラスが行なうことが多いかもしれません。

　この段階で大事なのは社員の不安を取り除くことです。

　人事制度改革は少なからず社員に不安を与えます。「給料が下がるのでは……」と思っている社員も多く、**資料の賃金制度に関するページばかりを読んで、会社の説明を聞こうともしないかもしれません。**
　気持ちに余裕をもって説明内容を聞いてもらうためには、**説明会の冒頭で、「今回の人事制度の見直しで、ただちに毎月の給料が下がることはない」と伝えることが重要です。**これで初めて説明を受け入れる準備が整います。

説明の進め方としては、社長からのコンセプト説明の内容とからめながら、そのコンセプトが具体的には制度のどこに表われているのかを示しながら話をしましょう。

そして、「会社から社員に何が期待されているのか」「どうすれば昇格や昇給がなされ、どのようなキャリアを歩むことができるのか」を丁寧に説明してあげてください。

資格等級の基本給上限額を超過しているような場合は、「移行期間を設けたうえで調整手当を支給し、会社としても社員の皆さんの昇格を支援する」ことを約束するとよいでしょう。

詳細説明でのポイントは、「新制度のコンセプトが具体的な人事制度としてどう反映しているのか」という全体像を理解させたうえで、1人でも多くの社員を「前向きに仕事に取り組もう」という気持ちにすることにあります。説明の内容はそこからの逆算で組み立てていくとよいでしょう。

人は誰でも、自分の聞きたいことだけを聞いてしまう傾向があるものです。しかし、会社には社員に理解しておいてもらわなければいけないことがあります。

社員が、木を見て森を見ずという状態にならないように、丁寧でわかりやすい説明を心がけましょう。

なお、説明会においてその理解を促進するため、ひと通りの説明が終わった後、疑問点を出すためのグループディスカッションを行ない、その質問に答える、といった工夫をすることも検討に値します。

社員説明会の時点では、社員は自らの資格等級や給与の内容は知りません。そこで、**説明会終了後に個別面談を設定し、資格等級等の説明を行ないます。**

小規模企業であれば社長や総務部長がすべて行なえばよいですが、ある程度の人数の社員がいる場合は、各部門の管理職からこの説明を行なってもらうことになります。

　ここでは少なくとも以下の事項への対応が求められます。

①資格等級の通知とその等級で期待される職務レベルの説明
②新賃金明細の説明
③今後の個別・具体的な期待事項の共有と行動計画の検討、動機づけ
④新人事制度全体に関する疑問の解消
⑤（調整手当が発生する場合）昇格に向けた具体的な目標設定と支援の約束

　日頃から部下とコミュニケーションを取っている上司であっても、その内容は業務に関するものが中心で、期待する職務のレベルやキャリアなどについて、じっくり話をする機会はそれほどないはずです。

　ここでは、社員の言葉にしっかりと耳を傾け、仕事への意欲を引き出してください。

社員説明から制度施行の標準スケジュール（4月1日施行の場合）

1月上旬	新人事制度の取締役会承認
1月下旬	管理職向けの説明会開催
2月上旬	一般社員向けの説明会開催 規程届出にかかる従業員代表選出
2月中旬 〜3月中旬	部門会議等での補足説明・フォロー 社員からの質問対応 個人面談を通じた個別賃金明細の提示・各種説明
3月下旬	各種規程の意見書受領と労働基準監督署届出
4月1日	新制度施行

※労働組合がある場合には全体的にスケジュールが早まり、組合への申し入れ、協議、妥結といったプロセスが加わる

第7章

時代の流れを受けて変化する人事制度

「事情あり社員」を
いかに活用するかがポイント

▶"昭和的"な働き方ができる社員だけでは労働力を確保できない

　ここまで人事制度改革のステップについて見てきました。これらの
ステップを検討すれば、人事制度の構築を進めることができますが、
この章では、人事制度改革に関連して、会社側が押さえておきたいト
ピックと今後注目すべき流れを取り上げます。

　まず、今後の人事管理を考えるうえで重要な**雇用の多様性**について
見ていきましょう。

　次ページ図をご覧ください。これは横軸にキャリア観（右側が仕事
を最優先に考えてバリバリ働く**バリキャリ**、左側がワーク・ライフ・
バランス重視でマイペースに働く**ゆるキャリ**）、縦軸に仕事を行なう
うえでの制約の有無を取ったマトリックスです。

　かつての日本企業は、常に仕事を最優先し、残業や休日もいとわな
い男性社員中心で構成されていました。わかりやすくいえば、"昭和
型モーレツ社員"といったところでしょうか。

　彼らは、このマトリックスの「バリキャリ×働き方の制約なし」の
Ａ象限に位置します。

キャリア・制約マトリックス

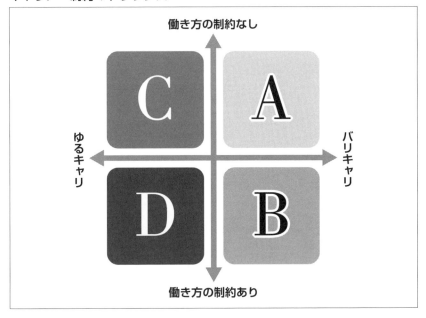

　企業に対する忠誠心も高いこのグループの社員は、企業にとって非常に心強い存在ではありました。ただ、今後は様々な理由により、**A象限の働きができる社員は減少していく**と予想されています。

　その要因を見ていくことにしましょう。
　まずは**縦軸**ですが、今、働き方に様々な制約を受ける社員が増加しています。
　一番イメージしやすいのは**育児をしている社員**でしょう。いまや出産・育児をする女性社員のほとんどは育児休業を取得し、その後、育児短時間勤務などを活用しながら、育児と仕事を両立するようになっています。
　これは、企業における「労働時間」という点から見れば、1つの制約になります。

さらに、今後は介護の問題が本格化していきますから、**要介護状態にある家族をもつ社員**も同様に、労働時間の制約を受けるようになります。

　共働き世帯の増加や生涯未婚率の上昇は、働き盛りの社員に介護問題との両立を迫ることになりますから、これは育児以上に大きな影響があると考えなければなりません。

　わかりやすくいえば、会社の利益の大半を稼ぎ出しているトップセールスの営業課長Ｚさんが、家族の介護でフルタイム勤務ができなくなる。こんな光景が当たり前の時代になるのです。

　「営業であれば、残業や休日出勤をして当たり前」というような考え方では、営業課長Ｚさんを今後、雇用することはできません。その時点で、会社はトップセールスの人材を失うことになるのです。

　小規模企業であれば、存続の危機に陥ることさえあり得るでしょう。

　次に**横軸**のキャリア観ですが、これは近年、急速に多様化が進んでいます。

　多くの経営者や管理者の皆さんからは、下記のような、嘆きとも呆れともいえる言葉をよく耳にします。

　「最近の若者は上昇志向がない」
　「若手社員は残業や休日出勤を極端に嫌がる。『頑張って、もっと給料を稼ごう』という意識がないようだ」

　筆者もそのようなことを感じる場面にときどき出会います。ただ、これをもって「最近の若者はけしからん」という結論を導き出すのは、間違っているでしょう。これこそ**仕事に対する意識の多様化**なのです。

皆さんは「プア充」という言葉をご存知でしょうか。プア充とは、高収入を目指さず、「プア」だからこそ豊かで幸せな毎日を送ることができる、という考え方・ライフスタイルのことをいいます。

筆者はこの言葉を、当社の20代社員との雑談で知りました。

彼が聞かせてくれたのは、「最近の若者はお金を使わなくても結構楽しく生活する術をもっていますよ。だから長時間残業など大変な思いをしてまで給料を上げようとは思っていないんです。だからプア充という生き方が増えているんですよ」という話でした。

たしかに、最近は以下のようなお店やサービスが登場したことで、お金を使わずとも、満足して生活できるだけの条件が揃っています。

- ユニクロやH＆Mのような低価格のファストファッション
- サイゼリヤのようなリーズナブルなファミレス
- パズドラ、ポケモンGOのような無料アプリ・ゲーム
- 各地で行なわれる無料イベント
- 行くだけで満足感が得られる大型ショッピングモール

こうした環境を前提とすれば、仕事に対する価値観の変化も理解できます。社会全体に沈滞ムードが蔓延していることも考え合わせれば、「頑張って収入を上げて生活レベルを上げたい」とは思えないのかもしれません。

こうした状況に、今後の労働力人口の減少を重ね合わせると、Ａ象限の「バリキャリ×働き方の制約なし」という昭和的な働き方ができる社員だけでは、十分な量の労働力を確保することは難しくなります。**様々な制約や意識をもったＢ象限やＤ象限にある〝積極的な意味での事情あり社員〟をいかに活用できるかが重要なポイントになるでし**

ょう。

　こうした人材を雇用するためには、以下のような柔軟な人事制度の採用がポイントとなります。

（1）限定正社員制度	（2）柔軟な労働時間制度	（3）その他
勤務地限定正社員 職種限定正社員 短時間正社員	フレックスタイム制 時差出勤 週休3日正社員 在宅勤務（テレワーク）	兼業・副業

　人材の多様化が進むなかで安定的な人材確保を進めるためには、柔軟な雇用制度の導入が重要となってくるでしょう。

　自由な発想でのワークルール整備が企業の差別化につながり、人材確保力の差となって表われてくることになります。

BやDの社員を積極的に活用しよう！

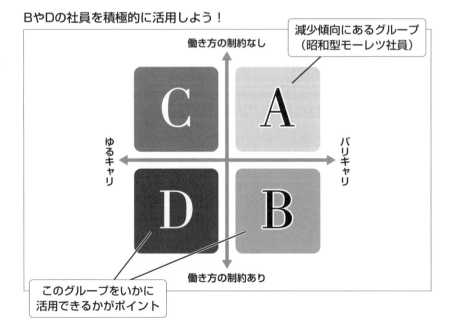

「同一労働・同一賃金」の流れに要注意

▶今後は職務の要素が強い制度が主流になる可能性も…

　2015年頃から**同一労働・同一賃金**という考え方が強く叫ばれるようになってきました。

　わが国の労働慣行としては、これまで年功的な賃金制度（能力主義であっても、定期昇給と年功的な昇格によって結果的には年功的な賃金となっていた）が主流であり、同じ仕事であっても賃金には差があることが当たり前の社会でした。

　しかし、バブル崩壊後、失われた20年といわれる時代に非正規労働者が増加し、いまでは全労働者の約40％が非正規労働者という状況になっています。
　正社員と非正規労働者の賃金格差はさらに大きく、昨今、この格差問題がクローズアップされるようになっています。

　本書では、貢献度に見合った賃金を支給することを前提に、その貢献度は企業のビジネスモデルによって異なるとして、あえて具体的な何かに特定することは避けています。
　しかしながら、従来の日本企業のほとんどは、「能力（保有能力）の高さ＝貢献度の高さ」と定義してきました。

これが、いわゆる**職能（職務遂行能力）給**です。

しかし今後、同一労働・同一賃金の考え方が強まってくると、徐々に「**貢献度の差は担当する職務の差である**」として、職務や役割の要素が強い人事制度が主流になってくるかもしれません。

特に定型的な職務であればあるほど、職務給の割合が多くなり、さらに、「**正社員と非正規社員の人事制度も共通のものさしで見る**」という傾向も強まっていくでしょう。

同一労働・同一賃金に関しては、重要な裁判例も今後、数多く出てくる見込みであることに加え、ガイドラインの整備や様々な法整備が進められるという話も出ています。
　企業内の問題ではなく、社会的な要請として進められることになりますから、その動向には注目していただきたいと思います。

第**8**章

ダウンロードして使える
人事関連規程・各種フォーム集

本書をご購入いただいた皆さんに、ダウンロードして使える人事関連規程・各種フォーム集をご用意しました。下記のＵＲＬにアクセスし、ダウンロードしてください。

http://www.roumu.com/kitei.zip

賃金規程

賃 金 規 程

第1章　総　則

第1条（適用範囲）

　この規程は、就業規則第○条に基づき、正社員の賃金および賞与について定めたものである。以下に定める正社員以外の者については本規程を適用しない。

　①パートタイマー

　②アルバイト

　③嘱託社員

　④契約社員

　⑤無期転換社員

　⑥その他就業規則第○条に定める正規の従業員以外の者

第2条（賃金の構成）

　賃金の構成は以下のとおりとする。

　①基本給

　②　　　　手当

　③　　　　手当

　④　　　　手当

　⑤時間外・休日・深夜労働の手当等

　⑥通勤手当

　⑦賞与

第3条（賃金計算期間および支払日）

　賃金は、前月○日から起算し、当月○日を締め切りとした期間（以下、賃金計算期間という）について計算し、当月○日に支払う。ただし、当該支払日が休日である場合は、原則としてその前日に支払うものとする。

２．前項の規定にかかわらず、以下の各号の一に該当するときは社員（①号については、その遺族）の請求により、賃金支払日の前であっても既往の労働に対する賃金を支払う。

　①社員が死亡したとき

　②社員が退職し、または解雇されたとき

　③社員またはその収入によって生計を維持している者が結婚し、出産し、疾病にかかり、災害を被り、または社員の収入によって生計を維持している者が死亡したため臨時に費用を必要とするとき

　④社員またはその収入によって生計を維持している者が、やむを得ない事由によって1週間以上帰郷するとき

　⑤前各号のほか、やむを得ない事情があると使用者が認めたとき

第4条（賃金の支払方法）

　賃金は通貨で直接社員にその全額を支払う。

２．前項の規定にかかわらず社員の同意を得た場合は、本人が指定する金融機関の口座への振り込みにより賃金を支給する。ただし、使用者が特に指定した場合は口座振り込みは行なわず、第1項の原則どおり、本人へ直接現金支給とする。

３．以下の各号に掲げるものについては賃金を支払うときに控除する。

　①源泉所得税

　②住民税（市町村民税および都道府県民税）

　③雇用保険料

　④健康保険料（介護保険料を含む）

　⑤厚生年金保険料

　⑥使用者からの貸付金の返済分（本人の申し出による）

　⑦その他必要と認められるもので従業員代表と協定したもの

第5条（遅刻、早退の場合の賃金控除）

遅刻、早退により、所定労働時間の全部または一部を休業した場合は、以下の計算式によりその不就労の時間に応じる賃金を控除する。

$$\frac{基本給 + \quad 手当 + \quad 手当 + \quad 手当}{月平均所定労働時間} \times 不就労の時間数$$

2. 月平均所定労働時間とは毎年4月1日を起算とした1年間の所定労働時間を12で除したものをいう。

第6条（欠勤の場合の賃金計算）

賃金計算期間内での3労働日以下の欠勤により、所定労働日を休業した場合は、以下の計算式によりその不就労の日に応じる賃金を控除する。

$$\frac{基本給 + \quad 手当 + \quad 手当 + \quad 手当}{月平均所定労働日数} \times 欠勤日数$$

2. 賃金計算期間内での4労働日以上の欠勤により、所定労働日を休業した場合は、当該賃金計算期間の賃金は以下の計算式にて支給する。

$$\frac{基本給 + \quad 手当 + \quad 手当 + \quad 手当}{月平均所定労働日数} \times 出勤日数$$

第7条（中途入社または中途退職の場合の賃金計算）

賃金計算期間の中途に採用され、または退職した者に対する当該計算期間における賃金は、以下の計算式により日割りで支給するものとする。

$$\frac{基本給 + \quad 手当 + \quad 手当 + \quad 手当 + \quad 手当}{月平均所定労働日数} \times 出勤日数$$

2. 死亡の場合には、その月の賃金は全額支給する。

第8条（休職期間中の賃金）

就業規則に規定する休職期間中は賃金を支給しない。

第9条（臨時休業中の賃金）

　使用者の都合により社員を臨時に休業させる場合には、休業1日につき平均賃金の6割に相当する休業手当を支給する。

2．1日の所定労働時間のうち一部を休業させた場合で、その日の労働に関する賃金が前項の額に満たない場合は、その差額を休業手当として支給する。

3．別途協定を締結した場合は、その協定によるものとする。

第2章　基　本　給

第10条（基本給の方式）

　基本給は、欠勤等をした場合に当該不就労分の控除を行なう日給月給制とする。

第11条（基本給の決定）

　基本給は、社員の学歴、能力、経験、技能、職務内容および勤務成績などを総合的に勘案して個別に決定する。

2．資格等級制度において降格をした場合は、基本給を見直すことがある。

3．社員の担当する職務内容に変更があった場合は、社員と協議のうえ、基本給および諸手当を変更することがある。

第12条（賃金の改定）

　賃金の改定は、基本給を対象に、毎年○月に社員各人の勤務成績を評価して行ない、原則として当月分から実施する。ただし、使用者の事業の業績によっては改定の額を縮小し、または見送ることがある。

2．以下の各号の一に該当する者については賃金の改定を行なわないことがある。

　①算定期間中の欠勤日数（休職期間含む）が60労働日を超えた者

　②就業規則第○条により、減給以上の懲戒処分を受けた者

　③著しく技能が低い者、または勤務成績ならびに勤務の態度が不良の者

　④算定期間中の勤続が6か月未満の者

3．使用者は、必要に応じて、随時、賃金を改定することがある。

第3章　諸　手　当

第13条（役職手当）

役職手当は使用者が定めた職責に任命した者に対して、月額で以下の各号のとおり支給する。

① 部長　　　　　円
② 課長　　　　　円
③ 係長　　　　　円
④ 主任　　　　　円

第○○条（　　　手当）

第○○条（　　　手当）

第○○条（時間外・休日・深夜労働の手当等）

法定労働時間を超えて労働した場合（法定休日以外の所定休日含む）は、下表のように時間外労働手当を、法定休日に労働した場合には法定休日労働手当を、深夜（午後10時から午前5時までの間）に労働した場合には深夜労働手当を、それぞれ以下の計算により支給する。

時間外労働手当A	$\dfrac{\text{算定基礎賃金}}{\text{月平均所定労働時間}} \times 1.25 \times$ 月45時間までの時間外労働時間数
時間外労働手当B	$\dfrac{\text{算定基礎賃金}}{\text{月平均所定労働時間}} \times 1.25 \times$ 月45時間超60時間までの時間外労働時間数
時間外労働手当C	$\dfrac{\text{算定基礎賃金}}{\text{月平均所定労働時間}} \times 1.25 \times$ 月60時間を超える時間外労働時間数
法定休日労働手当	$\dfrac{\text{算定基礎賃金}}{\text{月平均所定労働時間}} \times 1.35 \times$ 法定休日労働時間数
深夜労働手当	$\dfrac{\text{算定基礎賃金}}{\text{月平均所定労働時間}} \times 0.25 \times$ 深夜労働時間数

2．1年間の時間外労働時間数が360時間を超えた部分については25％とする。なお、この場合の1年は毎年4月1日を起算日とする。

218

3．算定基礎賃金とは、固定給より法定除外賃金を除いたものをいう。

第○○条（通勤手当）

　通勤手当は、使用者が合理的と認める経路に応じ、以下の各号の区分により実費を支給する。ただし、手当額は所得税法の定める非課税の範囲内とする。

①　公共交通機関を利用する者

　　1か月の定期券代

②　自家用車で通勤することを承認した者

　　往復通勤キロ数×月所定労働日×単価（　　円）

2．本手当の趣旨は実費弁償であるため、賃金計算期間内に実際に出勤しない日（欠勤＋年次有給休暇取得日）が4日以上ある場合は、第6条第2項の規定に準じて、実際に出勤した日に対して日割り計算で支給する。

第4章　賞　与

第○○条（賞　与）

　賞与は原則として毎年○月および○月に社員各人の勤務成績を査定して決定し、支給する。ただし、使用者の事業の業績によっては、賞与の額を縮小し、または見送ることがある。

2．賞与の算定期間は以下のとおりとし、支給対象者は賞与の支給日に在籍する社員に限るものとする。

夏季賞与	月　日から　月　日
冬季賞与	月　日から　月　日

付　　　則

　この規程は、　　年　　月　　日から施行する。

ポイント制退職金規程

退職金規程

第1条（適用範囲）

この規程は、就業規則の規定に基づき社員の退職金について定めたものである。

2．この規程による退職金制度は、会社に雇用され勤務する正社員に適用する。以下に定める正社員以外の者については本規程を適用しない。

①パートタイマー

②アルバイト

③嘱託社員

④契約社員

⑤無期転換社員

⑥その他就業規則第○条に定める正社員以外の者

第2条（退職金の支給要件）

退職金は満○年以上勤務した社員が以下の各号の一に該当する事由により退職した場合に支給する。

①定　　年

②事業の縮小など業務上の都合による解雇

③業務上の事由による死亡・傷病

④自己都合

⑤業務外の事由による死亡・傷病

2．この規程において定年退職とは第1項の事由による退職をいう。

3．この規程においてその他の退職とは第2項から第5号の事由による退職をいう。

第3条（基本退職金の計算）

基本退職金は退職時点における本人の持ち点に1点当りの単価を乗じて算出する。

2　前項の1点当りの単価は10,000円とする。ただし、社会情勢の変動に応じ、この単価を改定することがある。

第4条（基本退職金の加減率）

基本退職金の退職事由別加減率は以下のとおりとする。

①定年退職の場合は基本退職金満額を支給する

②その他の退職の場合は別表1に定める率を適用する

第5条（特別功労金）

在職中、特に功労があったと認められる社員に対して、退職金に特別功労金を加算して支給することがある。支給額はそのつど、その功労の程度を勘案して定める。

第6条（算出金額の端数処理）

この規程による退職金の算出金額に1,000円未満の端数を生じたときは、これを1,000円に切り上げる。

第7条（控除）

退職金の支給に際しては、法令に定めるほか、支給を受ける者が会社に対して負う債務を本人の同意を得たうえで控除する。

第8条（支払の時期および方法）

退職金は、退職または解雇の日から30日以内に通貨で直接、支給対象者にその全額を支払う。ただし、その者の同意がある場合は、その指定する金融機関口座への振込みまたは金融機関振出し小切手などの方法により支払う。

第9条（遺族の範囲および順位）

本人死亡のときの退職金を受ける遺族の範囲および順位は、労働基準法施行規則第42条から第45条までに定めるところによる。

第10条（退職金の不支給）

以下の各号の一に該当する者には、原則として退職金を支給しない。ただし、事情により第4条第2号に規定する自己都合退職金支給率を適用して算定した退職金の支給額に相当する金額を支給することがある。

①就業規則に定める懲戒規定に基づき懲戒解雇された者

②退職後、支給日までの間において在職中の行為につき懲戒解雇に相当する事由が発見された者

2．退職金の支給後に前項第2号に該当する事実が発見された場合は、会社は支給した退職金の返還を当該社員であった者または前条の遺族に求めることができる。

第11条（持ち点の付与）

会社は毎年4月1日に直前の計算期間の勤続ポイントおよび資格ポイントを社員に付与し、その時点の持ち点に加算する。

2．勤続ポイントは別表2に定める。

3．資格ポイントは別表3に定める。

4．本人の持ち点および付与点は毎年4月に本人に通知する。

5．本人はいつでも現在の持ち点を会社に照会することができる。

第12条（付与点の計算期間）

付与点の計算期間は4月から翌年3月までの期間とする。

2．一計算期間の中で勤続1年に満たない期間は、一計算期間を月数按分にて計算する。計算期間中途における資格変更のときも同様とする。

3．前項の場合、1か月に満たない期間は切り捨てる。ただし、計算期間中途での資格変更のときは、当該月については上位の資格ポイントを適用する。

4．休職期間については会社が特別に認めたとき以外は勤続期間としない。また育児・介護休業期間も勤続期間としない。

5．毎年の付与すべき点数に端数が出た場合には、勤続ポイントおよび資格ポイント合計の小数点以下を切り上げる。

第13条（社外業務に従事した場合の併給の調整）

出向等社命により社員が社外業務に従事し、他社より退職金に相当する給付を受けた場合には、その者の退職金は、この規程により算定された退職金から当該給付に相当する額を控除して支給する。

第14条（外部積立による退職金の支給）

　会社が、中小企業退職金共済制度など外部機関において積立てを行なっている場合は、当該外部機関から支給される退職金は、会社が直接本人に支給したものとみなし、第3条に規定する算定方法により会社から直接支給する退職金は、当該外部機関から支給される退職金の額を控除した額とする。

第15条（改定）

　この規程は会社の経営状況および社会情勢の変化等により必要と認めたときは、支給条件・支給水準を見直すことがある。

第16条（制度移行時点での持ち点）

　制度移行時点での本人の持ち点は　年　月　日現在、旧退職金規程の会社都合における退職金支給額を10,000円で除したものとする。なお、その際、1点未満の端数は切り上げとする。

2．本規程により勤続ポイントを算出し、前項で換算したポイント数の差を移行
　時における資格ポイントとする。

3．以後、勤続年数は入社日を、在級年数は施行日を基準日として勤続ポイント、
　資格ポイントを算出する。

付　　　　則

　この規程は、　　年　月　　日から施行する。

別表1 基本退職金自己都合支給率表

勤続年数	支給率	勤続年数	支給率
1		22	
2		23	
3		24	
4		25	
5		26	
6		27	
7		28	
8		29	
9		30	
10		31	
11		32	
12		33	
13		34	
14		35	
15		36	
16		37	
17		38	
18		39	
19		40	
20		41	
21		42以上	

別表2　勤続ポイント表

勤続年数	付与点	勤続年数	付与点
1		22	
2		23	
3		24	
4		25	
5		26	
6		27	
7		28	
8		29	
9		30	
10		31	
11		32	
12		33	
13		34	
14		35	
15		36	
16		37	
17		38	
18		39	
19		40	
20		41	
21		42以上	

別表3　資格ポイント表

資格	付与点
G1	
G2	
G3	
G4	
G5	

目標管理シート

氏名	所属	対象期間

分野	何をどの程度 （達成の姿を具体的に）	行動計画	期限	ウェイト	自己評価	上司評価	達成度	備考
						最終評価		

レビュー記録欄

部下面接記録シート

部下面接記録

実施日：　　年　　月　　日　　　対象期間：　　年　　月から　　年　　月まで

部下氏名		所属		役職	

面接においてあなたが「褒めた」事項は何かありましたか。

面接においてあなたが「改善を求めた」事項は何かありましたか。

面接において部下が上司や会社へ要望していた事項はありましたか。

将来に向けて、部下にどのような目標をもたせることができましたか。

面接所感（全体的な感想や留意事項を記載）

おわりに

　昔から、「ヒト・モノ・カネ」が経営の3要素であるといわれますが、ここに来て、いよいよ「ヒト」が最も重要視される時代になってきたと感じます。

　高度情報化社会となり、よい人材がいれば、「モノ」と「カネ」は集まる時代になってきました。集めた「モノ」と「カネ」を使いこなすのも、結局は「ヒト」なのです。

　それに加え、今後は労働力不足の問題がさらに深刻化します。

　以前、大手牛丼チェーンにおいて、人手不足により店舗の閉鎖や営業時間の短縮をせざるを得ないという事件が発生しました。

　多くの非正規労働者で運営するというビジネスモデルであり、またブラック企業批判を受けていた企業であったとはいえ、業界最大手のチェーン店で、そのような事件が起きたのは衝撃的でした。

　その後も、飲食店などで、営業はしているものの、従業員が不足しているため、空席があるにも関わらず、客の受け入れを制限している場面をよく目にします。

　客席の半分近くが空いているにも関わらず、店先には順番待ちの客が並んでいるというのは、異様な光景ですし、忙しい時間帯の売上減少は確実にその店舗の収支を悪化させ、いずれ営業が継続できないようになるでしょう。

　つまり、今後、当面は「人材確保」が企業の最も重要な課題であり、存続のための絶対条件になります。安定的に人材が確保・定着する企

業は生き残り、それができない企業は消えていくことでしょう。

　人事労務を担当する皆さんにとっては、人と組織の面から企業の価値を上げる絶好の機会が来たといえますし、逆にいえば、「それができなければ企業の競争力が低下する」という大きな責任も負う時代になりました。

　本書では、安定的な人材確保を行ない、円滑な事業運営を進めるための環境整備として、人事制度改革の手段についてお伝えしました。
　もし、この制度を導入すれば万全というような絶対的なものがあれば楽なのですが、現実的にはそのようなものはありません。

　人事制度は、会社のビジネスモデルや経営者の考え方によって様々であり、100社あれば100通りの人事制度が存在します。そのため、本書ではあまり個別の論点には入り込まず、それぞれの制度を検討するうえでのポイントについて取り上げることとしました。
　私が実際のコンサルティングの現場で経営者の皆さんに問いかけている質問も複数盛り込みましたので、そうした点を中心に社内で議論を重ね、御社独自の制度を構築していただければと思います。

　本書がその議論のよいきっかけとなり、企業と社員の双方にとって頑張り甲斐のある職場の実現、そして企業の発展につながることを願っております。
　人生において最も多くの時間を費やすのは仕事です。定年退職後に振り返ったとき、経営者と社員の双方が「いろいろ大変だったが、この会社で頑張ることができて幸せだった」と思えるような職場をつくっていきましょう。

著者紹介

経　歴

1971年　愛知県出身
1990年　私立南山高等学校男子部卒業
1994年　早稲田大学法学部卒業
　　　　株式会社名南経営入社
現職　　株式会社名南経営コンサルティング執行役員
　　　　　人事労務コンサルティング事業部マネージャー
　　　　社会保険労務士法人名南経営代表社員
　　　　南山大学ビジネス研究科ビジネス専攻（専門職大学院）講師

専門分野

従業員と企業の双方が「この会社でよかった」と思える環境を実現する人事労務コンサルタント。企業の人事制度整備・就業規則策定など人事労務環境整備が専門。なかでも社会保険労務士としての労働関係法令の知識を活かし、労働時間制度など最適な制度設計を実施したうえで、それを前提とした人事制度の設計を得意とする。

著　書

2016年 6 月　『生産性が高い「残業ゼロ職場」のつくり方』（日本実業出版社）
2015年 5 月　『マイナンバー制度の実務と業務フローがわかる本』（日本実業出版社）
2015年 5 月　『労働・社会保障実務講義』（早稲田大学出版部）
2012年 8 月　『スゴイ社労士が教える戦略的仕事術』（アニモ出版）
2009年 8 月　『日本一わかりやすい！　人事労務管理相談室』（日本法令）
2008年 7 月　『日本一わかりやすい退職金・適年制度改革実践マニュアル』（日本法令）
2008年 7 月　『退職金・年金・高齢者賃金現状分析』（産労総合研究所）
2005年10月　『中小企業の退職金・適年制度改革実践マニュアル』（日本法令）
2005年 1 月　『強い会社を作る人事賃金制度改革』（日本法令）
2003年12月　『タダのソフトで人事・総務の超ラクラク業務改善』（日本法令）
2000年10月　『タダのソフトと書式で総務・経理の仕事がラクラク』（日本法令）
1999年 2 月　『オーナー企業の賃金制度改革＋アウトソーシング』（日本法令）
1998年10月　『タダのソフトで総務・人事の仕事がラクラク』（日本法令）

参考文献等　公益社団法人日本印刷技術協会（JAGAT）『印刷100年の変革』
　　　　　　東京労働局『しっかりマスター労働基準法―管理監督者編』
　　　　　　東京労働局『しっかりマスター労働基準法―割増賃金編』
　　　　　　島田裕巳『プア充―高収入は、要らない』（早川書房）
　　　　　　江夏幾多郎『人事評価の「曖昧」と「納得」』（NHK出版新書）

大津章敬（おおつ　あきのり）

社会保険労務士法人名南経営 代表社員。株式会社名南経営コンサルティング 執行役員。社会保険労務士。1971年愛知県出身。大学在学中に社会保険労務士資格を取得し、1994年に株式会社名南経営コンサルティングに入社。企業の人事制度整備・就業規則策定など人事労務環境整備を専門とする。なかでも社会保険労務士としての労働関係法令の知識を活かし、労働時間制度など最適な制度設計を実施したうえで、それを前提とした人事制度の設計を得意としている。

連絡先

〒450-6333

名古屋市中村区名駅一丁目1番1号JPタワー名古屋33階

株式会社名南経営コンサルティング

電話052（589）2354

Email akinoriotsu@meinan.net

Website http://www.meinan.net

人が育って定着する

中小企業の「人事評価・賃金制度」つくり方・見直し方

2016年9月1日　初 版 発 行
2018年12月1日　第 4 刷発行

著　者　大津章敬 ©A.Otsu 2016

発行者　吉田啓二

発行所　株式会社日本実業出版社　東京都新宿区市谷本村町3-29 〒162-0845
　　　　　　　　　　　　　　　　大阪市北区西天満6-8-1 〒530-0047

　　　　　編集部 ☎03-3268-5651
　　　　　営業部 ☎03-3268-5161　　振 替　00170-1-25349
　　　　　　　　　　　　　　　　　　https://www.njg.co.jp/

印刷／壮光舎　　製本／共栄社

この本の内容についてのお問合せは、書面かFAX（03-3268-0832）にてお願い致します。
落丁・乱丁本は、送料小社負担にて、お取り替え致します。

ISBN 978-4-534-05418-0　Printed in JAPAN

好評既刊書籍

定時退社でも業績は上げられる！
生産性が高い「残業ゼロ職場」のつくり方

株式会社名南経営
コンサルティング・著
定価 本体 1600円（税別）

社員1人ひとりのタイムマネジメントのやり方と、人事評価や報酬をはじめとする社内ルールを見直すことが企業の生きる道！　長時間労働が常態化する残業体質から脱却し、「パフォーマンスの高い社員」だらけの生産性の高い組織に生まれ変わる取組みを解説。

雑誌・定期刊行物

企業実務

「経理・税務」「総務・法務」「人事・労務」の三本柱を中心に、企業の事務・管理部門に不可欠なすべての内容を横断的に網羅。役員・管理職から担当者・スタッフの教育まで、幅広く読める・使える専門情報誌です。経理・簿記、税務・会計、社会保険事務、ビジネスマナー、コンプライアンス等々、仕事の現場に即した実務処理の基礎知識から、制度・法改正などの最新事情までをどこよりもわかりやすくタイムリーに解説。毎号「別冊付録」として、旬な1テーマを選んでコンパクトにまとめた小冊子（16頁）も同梱。経理・総務・人事担当者を幅広くサポートする、事務職必携の"トラの巻"！

発売：エヌ・ジェイ出版販売株式会社

書店ではお求めになれません。お問い合わせは
03-5225-3818
http://www.njh.co.jp/

- ●月刊●A4変型判
- ●94頁（付録16頁）
- ●誌代・12冊分　20,400円
  （税別。臨時増刊号を発行した時は、そのつど誌代を精算します。）

定価・誌代変更の場合はご了承ください。